《帝王道统万年图册》之宋孝宗
明,仇英,绢本设色,台北故宫博物院藏

《迎銮图》 宋，佚名，绢本设色，上海博物馆藏

《临萧照中兴瑞应图》（局部） 明，仇英，绢本设色，北京故宫博物院藏

《千里江山图》（局部） 宋，王希孟，绢本设色，北京故宫博物院藏

《西园雅集图》(局部) 宋,刘松年,绢本设色,台北故宫博物院藏

梅毅说宋

战崖山

赵宋王朝覆灭的悲歌

梅毅 ◎ 著

天地出版社 | TIANDI PRESS

图书在版编目（CIP）数据

战厓山：赵宋王朝覆灭的悲歌/梅毅著．— 成都：天地出版社，2024.7
ISBN 978-7-5455-8257-4

Ⅰ.①战… Ⅱ.①梅… Ⅲ.①中国历史—南宋—通俗读物 Ⅳ.①K245.09

中国国家版本馆CIP数据核字（2024）第044968号

ZHAN YASHAN：ZHAO SONG WANGCHAO FUMIE DE BEIGE
战厓山：赵宋王朝覆灭的悲歌

出 品 人	陈小雨　杨　政
著　　者	梅　毅
责任编辑	武　波
责任校对	马志侠
责任印制	王学锋
封面设计	水玉银文化

出版发行	天地出版社
	（成都市锦江区三色路238号　邮政编码：610023）
	（北京市方庄芳群园3区3号　邮政编码：100078）
网　　址	http://www.tiandiph.com
电子邮箱	tianditg@163.com
经　　销	新华文轩出版传媒股份有限公司

印　　刷	北京文昌阁彩色印刷有限责任公司
版　　次	2024年7月第1版
印　　次	2024年7月第1次印刷
开　　本	880mm×1230mm 1/32
印　　张	8.75　插页 8
字　　数	160千字
定　　价	48.00元
书　　号	ISBN 978-7-5455-8257-4

版权所有◆违者必究

咨询电话：（028）86361282（总编室）
购书热线：（010）67693207（营销中心）

如有印装错误，请与本社联系调换

自序

王朝兴衰的历史轨迹

说起宋朝，大概我们首先会想起北宋"靖康之变"的奇辱和南宋"厓山之役"的惨败。相较汉唐、明清，两宋的领土小得可怜，北宋最盛时也只有280万平方公里的土地。赵匡胤开国以来"重文抑武"的国策，使得宋朝长期陷于"防御"的狼狈境地，甚至出现同样的历史悲剧上演两次这种超奇怪的现象。

其实，在我们低声叹息之时，大多数人忽略了这样一个事实：自晚唐以来，中原王朝的崩溃所导致的大分裂，致使中国北方一直战乱频频。沙陀人石敬瑭更是把燕云十六州献给契丹，为其后的北宋王朝埋下滔天大祸的根苗。而后，契丹、党项、女真、蒙古诸族相继登上历史舞台，刀光闪闪，血肉翻飞。

为此，我们需要重新深入历史细节之中，去回顾一下那个与野蛮为邻的大宋时代的方方面面，把记忆的碎片黏合起来。

政治方面，宋太祖以皇权为中心加强中央集权统治，巧妙地分散宰相之权。宋朝建立了完善的科举、官员铨选以及监察制度，成为中国封建社会政治体制较为开明的时代。纵观南北两宋三百多年，其他王朝屡见不鲜的女祸、宦祸、外戚之祸、藩镇之祸、权臣篡逆之祸、流民覆国之祸，在宋代较少出现。

经济方面，两宋是那个时代十分先进的商业社会，其多种经济模式均在世界上开一代风气之先。特别是城市的发展，"屋宇雄壮"，"骇人闻见"。经济活动"每一交易，动辄千万"。瓦舍、勾栏，熙熙攘攘，娱乐、休闲通宵达旦，市民生活水平在当时世界绝对是首屈一指。而且，中国首创的纸币交子、会子，都在宋代出现并发展定型，这种革命性的货币形式比欧洲要早六个多世纪。同时，一反前代重农轻商的传统观念，宋代商人不仅经济地位得到提高，甚至可以入仕为官，这极大地刺激了工商业的发展，士大夫还进化出"商人众则入税多"的崭新价值观。

文学方面，宋词一洗晚唐浮艳之风，或豪放，或婉约，大放异彩，其中以欧阳修、苏轼、李清照、辛弃疾、陈亮等为代表；宋诗也不可小觑，其长于用典的浓郁书卷气，使得中华文化的精髓每每跃然纸上，尤以陆游、范成大、杨万里等昂然执其牛耳，其诗悲沉激荡，脍炙人口。

艺术方面，由于宋朝诸帝皆留意文翰，贵族士大夫亦步亦趋，绘画、书法方面人才济济。抛开细腻华贵的"院体画家"不讲，苏轼、米芾、米友仁、李公麟等人所崇尚的"士大夫画"，使豪爽、性灵的"尚意"审美意境贯穿以后数个朝代，长盛不衰。在这种艺术风气影响下，宋代在制瓷、建筑、雕塑、舞蹈等多个领域，皆达至登峰造极的地步。

科技方面，国人一向引以为豪的四大发明，其中有三项在宋代大放异彩：活字印刷术、指南针和火药。英国哲学家培根在《新工具》一书中这样写道："印刷术、火药、指南针曾改变了整个世界，变化如此之大，以至没有一个帝国，没有一个教派，没有一个赫赫有名的人物，能比这三种发明在人类事业中产生更大的力量和影响。"

至于英雄豪杰，两宋王朝更是层出不穷，撼人心魄——杨业、寇准、狄青、韩琦、范仲淹、欧阳修、司马光、韩世忠、刘锜、岳飞、虞允文、辛弃疾、孟珙、余玠、李庭芝、姜才、张世杰、陆秀夫、文天祥等，这些忠臣义士，耿耿精忠，求仁得仁，求义得义，不以成败利害动其心，不以生死贫富移其志，才节两全，代表了我们民族至高至伟的精神境界。他们或衔命出疆，或授职守土，或捐躯殉国，功虽有不成，声名彪炳千秋！

有着如此辉煌成就的宋王朝却出现了惊人相似的两次亡国，不禁让人感慨。王朝灭亡的原因多种多样，有必然性，也有偶然性，甚至某个大人物的死亡都会改变整个历史进程。比如，钓鱼城上被宋朝守军飞掷而下击中蒙哥大汗的石块，它就改变了世界历史的轨道！除却天时、地利，人是历史行为的最关键因素。正是宋人意识方面的懈怠，文恬武嬉，不思进取，才最终导致两宋的灭亡。

　　读罢宋史，我们可以从曾经的历史经验中深刻认识到："天下虽安，忘战必危！"更加让我们后人感到吊诡的是，那些灭亡北宋的、曾经金戈铁马的女真人，一旦习惯了风花雪月，沉浸在歌舞之中，蒙古铁骑的嗷嗷叫声也由远而近，逼袭而来，曾经悍勇无比的金朝，也在血火之中化为碎片。由此可见，在血与火的时代，在危机四伏的世界，最怕的就是整个国家恬然而息。一旦忘兵忘战，整个国家肯定会溺于安乐享受，而后的一切突然之祸，正是种于承平时代"缘饰文雅"之时。

　　昔日的繁华，早已成为深埋于地下的废墟；从前的风华，也化为过眼烟云。即便如此，我们却无法否认那样一个灿烂时代的不朽与光荣。往事越千年，我们的鼻孔中仍能嗅到那三个多世纪汴梁与临安传来的梅花香气，还能依稀听闻诗人词家那一叹三叠的华丽咏叹。宋朝，并非在历史深渊中死亡的朝代，即使在崩溃的瞬间，它也如流星陨落一般，照亮了历史野蛮的黑暗，驱散了曾经让我们先辈战栗的内心恐惧，其光辉足以启发后人的心智！

　　南北两宋，辽金西夏，那些淹没在茫茫时光中的血肉人生，他们的故事令人目眩神迷，充满了传奇，让我们一起来复活他们吧。

　　是为序。

梅毅

2024年2月24日（甲辰龙年正月十五日）

目录

第一章 南宋北伐 001

    1. 辛弃疾奔宋 003

    2. 宋孝宗北伐失败 011

    3. 辛弃疾组建"飞虎军" 019

    4. 无奈的隐居蛰伏 026

    5. 晚年辛弃疾 032

    6. 韩侂胄"开禧北伐"前后事 041

    7. 宋光宗的另类禅位 047

    8. 赵汝愚、朱熹党同伐异 054

    9. 南宋挑衅生战端 062

    10. 吴曦蜀地称王败乱 070

    11. 韩侂胄首级换和戎 078

    12. 端平入洛得恶果 085

    13. 历史经验诚可悲 093

第二章 临安陷落 101

    1. 奸臣蔽主误朝 103

2. 钓鱼城之战 …… 110

3. 子虚乌有的胜利 …… 119

4. 李璮兵变掀波澜 …… 127

5. 促织玩乐下的南宋 …… 135

6. 守襄阳的迷惘 …… 143

7. 襄樊一失无屏障 …… 152

8. 元军势如破竹 …… 159

9. 宰相原来不知兵 …… 166

10. 浴血奋战拒元兵 …… 174

11. 力不能支临安降 …… 182

12. 盖棺论定贾似道 …… 190

第三章　最后的挣扎 …… 199

1. 临安陷落六陵被盗 …… 201

2. 李庭芝苦战扬州 …… 209

3. 文天祥抗击元军 …… 219

4. 南宋残军退保厓山 …… 230

5. 厓山之战 …… 237

6. 《过零丁洋》 …… 244

7. 英雄誓死不投降 …… 255

8. 留取丹心照汗青 …… 261

第一章

南宋北伐

第一章 南宋北伐

1. 辛弃疾奔宋

在中国历史上，辛弃疾以词赋闻名于世，提到豪放派宋词，除了苏东坡，就是辛弃疾。如果按照人的一辈子功业算，辛弃疾的排名应该要比苏轼还要靠前。辛弃疾堪称宋朝文武双全第一人。

大词人、大英雄辛弃疾，本来不是南宋人，是北宋灭亡后陷于金国占领区的汉人。宋绍兴十年（公元1140年）五月，辛弃疾出生于历城，就是今天济南市历城区。恰恰在这一年，金国兀术又一次南下。宋高宗君臣都是投降派，在秦桧主持下议和，称臣割地赔款，阴谋杀害大英雄岳飞。而后，就是歌舞升平，沉醉在虚假的太平之中。但是在当时的中国北方，包括山东在内的广大金人占领区，汉族人民依旧怀念故国。

辛弃疾的父亲死得很早，他是由祖父辛赞抚养成人的。辛赞当时是金朝的一个地方官，知开封府，官职还挺高。但辛赞是汉人，虽然做着金国的官，却念念不忘恢复中原。他常常带领辛弃疾等儿孙辈登高望远，指点江山，追忆北宋兴亡的岁月，讲述汉人丧失家国的前因后果。在祖父的影响下，辛弃疾从小对兵法韬略非常感兴趣，希望日后能够为复国尽力。

辛弃疾从小就胆识过人。在他十五岁到十八岁的那几年，祖父辛赞曾交给他特殊任务，就是趁着到金人的首都燕京去参加科举考试的机会，一路上搜集情报，注意观察金人占领区的山川形势，而且还要绘制成地图，以备将来使用。所以，经过两次孤胆英雄式的考察，辛弃疾自青少年时代起，就对金人统治区的山川形势和女真贵族统治者内部的矛盾有了相当深入的了解。后来到了南宋，他就根据这些资料写成了重要的军事论文《美芹十论》和《九议》，并上报南宋皇帝。

令人遗憾的是，辛弃疾当时搜集的这些情报并没有给他的祖父辛赞帮上忙，因为辛赞在1160年去世了。这一年，辛弃疾二十一岁。在祖父多年的培养下，辛弃疾已经锻炼出了勇敢和自信的品格，但如今作为金国官员的祖父去世，辛弃疾将要何去何从呢？

根据《宋史·辛弃疾传》的记载，似乎是命运给了他一个神秘的指示。有一次，他和同学党怀英用蓍草占卜各自的官运，结果是"怀英遇'坎'，因留事金，弃疾得'离'，遂决意南归"。就是说，党怀英得到了一个坎卦，辛弃疾得到了离卦。根据《易经》，坎是北方之卦，而离是南方之卦，由此党怀英便决定留在北方，后来他真的做了金朝的大官，而辛

第一章 南宋北伐

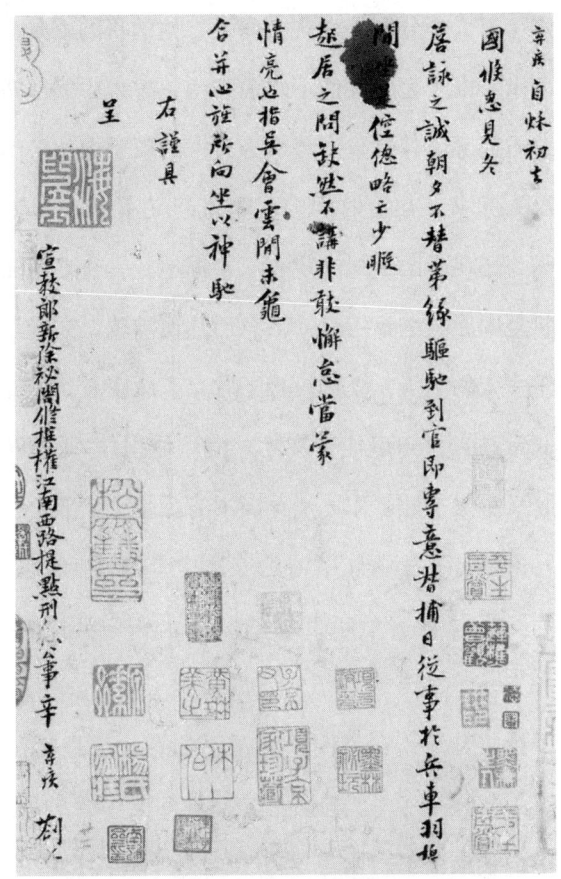

辛弃疾行楷书《去国帖》，现藏北京故宫博物院

弃疾就决意南归，也就是投奔南宋。更巧合的是，辛弃疾没有等多久，机会就来了。什么机会呢？就是金国皇帝完颜亮的南下攻宋。

宋绍兴三十一年（公元1161年）九月，金主完颜亮率领六十万大军分四路大规模南下，他的目的就是在百日之内灭掉南宋。由于完颜亮南下之前和南下过程中横征暴敛，各地人民纷纷起义。其中，声势最为浩大的就是山东济南府耿京领导的汉人起义。在短时间内，耿京起义军迅速发展到二十多万人马，还在梁山泊附近建立了根据地。一直在祖父影响下立志要收复中原的辛弃疾得知消息后热血沸腾，在当地召集了一支两千多人的队伍，立刻投奔了耿京。耿京看到辛弃疾加入队伍也非常高兴，知道他有文才，就让他担任"掌书记"，专门负责起义军秘书处工作。辛弃疾本身就是文武双全，跟着耿京"上马击贼，下马草檄"，在起义军中干得风生水起。

当时有一个叫义端的和尚，在辛弃疾劝说下，也拉起一支一千多人的队伍，前来投奔了耿京。但这个义端和尚是个投机分子，在义军里混得不如意，于是就在某一天偷偷开溜了，还顺手牵羊地偷走了辛弃疾保管的耿京天平军的大印。耿京大怒，由于义端和尚是辛弃疾保荐的，所以耿京要对辛弃疾军法处置。辛弃疾更生气，对耿京说你给我三天时间，我一定把义端和尚或者他的脑袋以及大印都带回来，否则，你就要我脑袋。耿京想想，看了看辛弃疾，就答应了。辛弃疾单人独骑，纵马往金营方向飞奔，恰好拦截住正想投奔金军的义端和尚。话也不用多说，辛弃疾一剑结果了义端和尚的性命，揣着大印和这个叛徒的人头向耿京报告。根据

江西铅山西山辛姓族藏《稼轩公画像》

辛弃疾后来的朋友陈亮形容，辛弃疾的长相非常独特，"眼光有棱，足以照映一世之豪；背胛有负，足以荷载四国之重"（《辛稼轩画像赞》）。可以想见，这位美男子非常阳刚，他的眼光炯炯有神，锋芒逼人，可以照应天下的英雄豪杰；他的肩膀坚厚有力，肌肉发达，足以承载国家之重。此事过后，辛弃疾在起义军中的名声更加响亮。

完颜亮大举进攻南宋之时，金国国内的完颜雍自立为帝，结果，完颜亮在自己军中被杀，金军大乱，慌忙撤退。而新上台的金世宗完颜雍，内外交困，就摆出一个非常低的姿态，派出使者向南宋求和。同时，他对北方金国国内的抗金义军采用招安手段，宣布大赦令，"在山者为盗贼，下山者为良民"（章颖：《南渡四将传·魏胜传》），就是只要你离开山寨，就既往不咎。金国国内的许多义军仓促成军，成分复杂，组织纪律性很差，一夜间作鸟兽散。在这样的形势下，辛弃疾建议耿京率领人马去投奔南宋。耿京觉得这个主意靠谱，就派出副手贾瑞和辛弃疾一起去与南宋朝廷接洽。

绍兴三十二年（公元1162年）正月，辛弃疾和贾瑞一行十一人到达了建康，受到宋高宗的接见。宋高宗见到辛弃疾等人非常高兴，封官行赏，任命耿京为天平军节度使，贾瑞为敦武郎阁门祗候，辛弃疾被封为右丞务郎（这是一个从九品的文官）。宋高宗为了表示重视，还专门下发了正式的任命文书和官员用的仪仗,并且从枢密院派了两个官员,带着这些任命文书和仪仗,准备与辛弃疾一起送到耿京军中去。

走到处州(今浙江丽水),再往前就是宋金边界了,南宋枢密院那两个专员不敢往前走了,就让辛弃疾和贾瑞等人先回去,通知耿京到宋朝的海州(今江苏连云港)来接受这个任命的文书和仪仗。岂料到了海州,辛弃疾听到了一个令人震惊的消息:耿京已经被害!

原来,就在辛弃疾、贾瑞等人在南宋安排事情的时候,耿京被起义军内叛徒张安国杀掉了。这个张安国原来也是一支义军的头目,后来在金人诱降下忽然叛变,杀掉了耿京向金军投降。金国任命张安国为济州(今山东济宁)知州。

得知耿京被害,犹如晴天霹雳一般,辛弃疾痛心疾首。但是,如今他们已经到了海州,难道就这样灰溜溜地回到南宋地界去吗?辛弃疾拍案而起,表示绝对不会含恨忍耻地回去见皇帝。于是,他在当地招募了五十名骑兵,飞奔前往济州捉拿叛徒张安国。当时,张安国正在驻扎有五万金兵的大营里喝酒。大伙在营帐中正喝得痛快,忽然一个身材高大的年轻人,身后跟随一队骑兵,天神一般出现。或许是太突然,那些金兵将领眼睁睁看着这个小伙子抓小鸡一样把张安国抓起来横放在马背上,突驰而去。当时金国的济州距离宋金边界淮水还有一段距离,沿途驻扎了不少金国军队,就是在这样的情况下,辛弃疾等人"束马衔枚",日夜兼程,一路狂飙赶到淮水,最后把叛徒张安国押送到临安处斩。

辛弃疾的英雄壮举,一时间在南宋朝野上下引起了轰动。南宋人洪迈在《稼轩记》中说:"壮声英概,懦士为之兴起,圣天子一见三叹息。"就是说,辛弃疾勇闯金营生擒叛徒,这种伟大的英雄气概,连懦弱的人见了都要为之振奋起立,高宗皇帝见到了他的风采以后也是连声赞叹!

辛弃疾写有一首《鹧鸪天》:"壮岁旌旗拥万夫,锦襜突骑渡江初。燕兵夜娖银胡觮,汉箭朝飞金仆姑。追往事,叹今吾,春风不染白髭须。却将万字平戎策,换得东家种树书。"这首词就是讲他年轻的时候,举旗起义,在耿京军中簇拥着千军万马,率领着身穿锦衣的骑兵渡江南下的情景。其词气势豪迈,一下子就把一个意气风发的青年英雄的形象无比鲜明地呈现在我们面前。

宋绍兴三十二年(公元1162年)六月,已经当了三十六年皇帝的宋高宗赵构到德寿宫退养,当太上皇了,接替他的是太子赵昚(shèn),也就是历史上的宋孝宗。宋孝宗并不是宋高宗的亲儿子,他是赵匡胤一系的后人。宋孝宗在做皇子的时候,就对极力主张投降的秦桧非常不满意。他当了皇帝之后,正好又碰上完颜亮被杀之后的金国内乱,所以宋孝宗就很想趁此收复失地,为徽钦二帝报仇雪耻。于是,他一面贬斥秦桧党人，一面又下诏为岳飞父子平反，对主张抗金的大臣和将领们委以重任，积极地进行北伐准备。

辛弃疾回到南宋之后，朝廷给了他一个江阴签判的小官。但辛弃疾抗战心切，就向当时的南宋江淮宣抚使张浚献计，说金国军队后勤补给是个大问题，北伐可以先从关陕、西京、淮北和海上四路佯攻，一旦金国驻防在淮河防线的兵力分散，宋军就可以发动几万精锐部队奇袭金兵防守薄弱的地方，直杀山东，等金国调兵遣将进行补防的时候，宋军已经收复了山东，而后宋军就可以趁机进军中原，直捣燕京。

对于辛弃疾所献计策，张浚当时模棱两可。第二年，也就是隆兴元年（公元1163年）正月，张浚被任命为枢密使，开始具体负责北伐的事情。他向宋孝宗提供了一份他本人草拟的作战方案，其中有一条就是先取山东。但张浚这个人志大才疏，在南宋绍兴初期就曾多次误事。他往往轻敌，根本没有把淮河沿线的金兵当回事，只想用最常规的方法集中南宋在江淮的所有兵力，渡过淮河直接和金兵硬干。在他指挥下，南宋大将李显忠和邵宏渊开始出兵北伐。

2. 宋孝宗北伐失败

金世宗完颜雍即位后，为了缓和社会矛盾，稳定自己的统治，确定了与南宋议和的方针。而此时的南宋，宋高宗赵构做了太上皇，宋孝宗赵昚刚刚即位。孝宗素有恢复中原之志，对议和不抱积极态度，相反正厉兵秣马，准备北伐。对此，金世宗完颜雍决定用以战逼和策略来应对。南宋绍兴三十二年（金大定二年，公元1162年）十月，金世宗任命金国大将纥石烈志宁为左副元帅，并派他赶赴宋金前线。

纥石烈志宁立刻赶赴睢阳（今河南商丘南），负责直接指挥对宋作战。纥石烈志宁准备派出完颜王祥取蔡州（今河南汝阳）、完颜襄攻颍州（今安徽阜阳）。与此同时，南宋统帅张浚也在盱眙（今属江苏）、濠州（今安徽凤阳）、庐州（今安徽合肥）等地部署重兵准备战斗。

宋孝宗隆兴元年（金大定三年，公元1163年）五月初七，南宋主动对金军发起进攻。当时张浚把都督府设在盱眙，即刻指挥十三万人马越过淮河北伐。宋军兵分两路，西路由淮西招抚使李显忠率领从濠州渡淮至陡沟（今安徽固镇东浍河支流）猛攻灵璧，东路由御前诸军都统制邵宏渊率领，从泗州攻虹县（今安徽泗县）。

战役开始的时候，李显忠的西路军进展比较顺利，很快就收复了灵璧。而邵宏渊所率领的东路军围攻虹县未下，李显忠马上率部往援，同时派遣灵璧降卒前往晓谕，守城的金国贵戚大周仁和蒲察徒穆深知李显忠勇武，不得不出城投降，虹县遂克。邵宏渊嫉妒李显忠功高,二人矛盾已久。恰逢有个金国投降南宋的千户在大帐中投诉邵宏渊手下一个士卒夺他的佩刀,为严肃军纪,李显忠马上招来那个士卒,立刻下令斩杀。由此,李显忠和邵宏渊的矛盾公开化。

五月十四日,李显忠率领宋军赶赴宿州城下。金国的宿州防御使乌林答刺撒、万户温迪罕速可以及裴满娄室等人没有遵守纥石烈志宁坚守待援的命令,仓促出城与李显忠交战。被李显忠打得大败,一战就被消灭和俘虏数千人。李显忠随即包围宿州城。十六日,宋军发起猛烈攻击,虽然遭到金兵的顽强抵抗,但最终宋军依旧登城,攻占了宿州。捷报传到杭州,宋孝宗兴奋不已,亲手起草嘉奖令:"近日边报,中外鼓舞,十年来无此克捷。"宋廷马上论功行赏,"显忠进开府仪同三司、淮南京畿京东河北招讨使,宏渊进检校少保、宁远军节度使、招讨副使"(《齐东野语》)。如此一来,李显忠成为正职,邵宏渊成了他的副手。

李显忠收复宿州之后,发现原来被金国占领的宿州仓库中有黄金三千余两,白银四万余两,绢一万二千匹,钱五万缗,还有米、豆等粮食共六万余石,布袋十七万条。为了酬功,李显忠就放纵他的亲信部属进入这些府库恣意搬取,剩下的才用来犒赏将士。最后,每三个士兵才得奖赏一贯钱。见到封赏如此低,李显忠部下非常不满,有人说:如今攻下宿州才奖赏三百多文钱，估计日后舍生忘死攻下南京（指开封），大概也就是奖赏四百文钱吧……这些士兵在出城去作战之前，愤愤不平，把赏钱都丢弃到宿州城外的护城河里了。南宋军营中的不满情绪日增，官兵斗志锐减。十八日，南宋枢密使张浚令邵宏渊受李显忠节制。邵宏渊不服，张浚没办法，又重新修改命令，让邵宏渊与李显忠分统所部。至此，南宋主力大军已呈军无统帅、各自为战的局面。

战场上，李显忠多次取胜，被眼前的胜利冲昏了头脑，产生了轻敌情绪。他占领宿州后，连续几天里，每天带着一帮亲信与金朝南奔的降将括里等人置酒高会。得知金国统帅纥石烈志宁带领万名精兵自睢阳日夜赶赴宿州的情报后，李显忠自认为宋军兵多，高言道："当令十人执一人也。"当时投奔南宋的金国降将括里还提醒他，这个纥石烈志宁不是一般人，乃昔日完颜宗弼（兀术）元帅最为器重的部将兼爱婿，智勇双全，千万不要掉以轻心。对括里的劝告，李显忠不以为意。

二十日，纥石烈志宁赶到宿州，对金军的兵力进行了周密部署：在宿州城的西面遍布旌旗，设为疑兵；三大队猛安兵驻扎在宿州城的南面；纥石烈志宁自领大军驻扎在宿州城东南面，阻隔宋军归路。李显忠手下确实能战，一次出战，就击败纥石烈志宁一万多精兵。此时，金国河南副统孛术鲁定方奉命从南京率领十万步骑兵赶到宿州增援。拂晓之时，得知孛术鲁定方率领金兵增援，已经迫近宿州城下，李显忠马上出城作战，打得孛术鲁定方大败而走，其本人被宋军斩于阵中。不久，金兵增兵来攻，李显忠就约邵宏渊出兵，想对金兵展开合力夹击。此时的邵宏渊，只作壁上观，心里面希望李显忠战败。看到气势汹汹的金兵被李显忠部下用强弩射退，邵宏渊还回头阴阳怪气地对自己手下士兵们说："当此盛夏，摇扇于清凉犹不堪，况烈日中被甲苦战乎？"听了大将邵宏渊的话，他手下人顿时军心动摇。

二十一日，李显忠登上城楼瞭望，发现城西战旗猎猎，就认定金军的主力在城西。于是，他亲率数万步骑兵出城南，手执盾牌，背城列阵，还在阵前布设行马护栏以阻挡敌骑兵。同时，他另派一名将领带三千士兵从东门杀出，想绕到金兵背后进行攻击，却被严阵以待的金国万户蒲查击败。这时候，金军右翼阵列的万户夹谷清臣作为先锋，奋勇冲杀，一下子就摧毁了李显忠设置的拒马，开始和宋军短兵相接。虽然邵宏渊不帮忙，但李显忠丝毫不惧，他率领手下孤军力战百余回合，混乱中杀掉金军左翼都统及千户、万户，斩杀金兵五千余人。

毕竟势单力孤，金军来援的人马越来越多，宋军阵形开始混乱，不久出现溃败。金兵呐喊，乘机追杀到了城下。这天晚上，宋军有个叫常吉的统制临阵脱逃，怕被李显忠杀掉，竟然打马投降了金兵，而后把宿州城中的虚实全部告诉了金军头领。

二十二日，李显忠率领全部主力出城与金兵决战。宋军以骑兵为前锋，以五六千骑兵为一方阵，步兵跟在骑兵后面，协同前进，开始向金兵攻击。纥石烈志宁命令金军万户夹谷清臣率部迎战。结果，夹谷清臣所率的金国骑兵的冲击力非常大，把宋军阵型冲散，败退的宋兵调头就往宿州城里奔跑，夹谷清臣率领兵马撵杀，金兵各路大军都开始追杀，宋军的逃兵相互踩踏，都想夺门入城逃命。由于败兵太多，造成了城门堵塞，不少宋军就攀城而上。这时候，金兵从护城河外用弓箭齐射，打猎一般，把攀城宋兵射死在城墙之下。这一战下来，金军杀掉宋军一万五千骑兵和三万多步兵。到了半夜，宋军的中军统制周宏和邵宏渊的儿子邵世雄等人各率所部逃遁。随后，宋军的殿前司统制官左士渊、统领李彦孚等人也各率所部逃遁。到了这个地步，宋军的殿司前军统制张训通、马司统制张师颜、池州统制荔泽、建康统制张渊等人深知邵宏渊与李显忠二人不和，惊慌之余，都各率所部逃遁。城内只剩下李显忠一部人马。

二十三日，金人派出大批人马再次攻城。李显忠指挥手下将士死命防御，斩敌二千余人，金军的尸体已把宿州城的羊马墙下都填平了。此时，宿州城东北角基本失守，已有二十多个金兵登上城墙。李显忠奋不顾身，亲自从军士手中夺过一把大斧，冲上前去对着登城的金军一阵猛砍，暂时把金兵击退。李显忠挺生气，对邵宏渊说："如果诸军不撤走，相护为援，自城外掩击金军，敌兵可尽，金帅可擒，河南之地指日可复矣。"听李显忠如此说，作为搭档的邵宏渊在一旁泼冷水："如今围城金兵又增二十万，如不撤退，后果将不堪设想。"

此时，李显忠深知邵宏渊根本没有固守之志，宋军援兵又遥遥无期，仅凭自己手下军队孤军守城，基本是失败的结局。叹恨之余，李显忠就在当夜从北城撤出，放弃了宿州，此地重新被金军占领。

金军统帅得势不饶人，马上派万户夹谷清臣、张师忠等人跟踪追击。金军追到古符离集（今安徽宿州北十余公里）时，宋师再次大溃。金军乘胜斩首四千余级，获甲三万套。至此，南宋历时十八天的北伐，最终结果是宋军惨败。由于当时宿州的郡名是符离，北伐最后时刻宋军又在古符离的地界大败，所以历史上称这次南宋北伐为"符离之战"。

符离之战过后，南宋内部投降派重新占据了上风，宋孝宗不得不派使臣向金国求和。此时，金国统帅纥石烈志宁乘机渡过淮河，攻取了南宋的盱眙、濠州、庐州等地。接连

宋孝宗赵昚草书苏轼《后赤壁赋》（局部）

失败下，南宋被迫同意金提出的议和条件：在"绍兴议和"确定的边界基础上，南宋割让海州（今江苏连云港）、泗州（今江苏泗洪东南，盱眙对岸）、唐州（今河南唐河）、邓州（今属河南）、商州（今陕西商洛市商州区）、秦州（今甘肃天水）给金朝。宋对金自称侄皇帝，不再称臣。南宋每年向金贡献银二十万两、绢二十万匹。这是南宋唯一取得的实质性收益，先前每年缴纳给金国的岁贡是银、绢各二十五万两（匹），如今改为岁币各二十万两（匹）。但是，南宋付出的代价是全线放弃此前收复的海、泗、唐、邓、商、秦六州。虽然南宋对金不再称臣而改称侄，以及"岁贡"改称"岁币"都是口头便宜，但最起码南宋还算丢脸不太大，也同时让金国知道了南宋的实力和战斗力。由于这一年是宋孝宗隆兴二年，所以这一次宋金和议也称"隆兴和议"。由于双方协议正式生效时南宋政府已经改元乾道，因此这次议和又被称为"乾道之盟"。

"隆兴和议"以后，金宋之间四十多年再没有爆发大的战争。

3. 辛弃疾组建"飞虎军"

由于"符离之战"和"隆兴和议"的达成，使得当时南宋主战派人士的士气降到了最低点，朝廷中几乎不再有人敢谈论关于北伐的事情了。年轻的辛弃疾再一次站出来，直接向孝宗献上十篇关于抗金恢复故土的军事论文，这就是历史上著名的《美芹十论》。在这十篇军事奏疏中，辛弃疾意气风发，表示说金国并不可怕，北伐一定可以成功，同时提出了一系列具体的军事、政治措施。他明确指出，金国虽然地广兵多，但由于他们在国内一直实行民族压迫政策，各阶层矛盾重重，一旦战事不利，就会像完颜亮南侵时候一样，其内部会产生剧烈动荡，到那时宋军再挥师北上，收复中原失地肯定能成功。

细读《美芹十论》之后，宋孝宗亲自召见了辛弃疾。此后，辛弃疾又呈送给宰相虞允文九篇军事论文，即《九议》。

他在《九议》中还特别强调，虽然日后必须北伐，但北伐行动必须准备充分，而且指出当时最大的弊端在于，主张和议的人想要永远地避免战争，而主张战争的人恨不得明天就开战。所以，辛弃疾强调北伐之事千万不要操之过急，应该做长期的准备，否则就会招致像先前符离之战那样的失败。

被皇帝召见后不久，辛弃疾就被调进南宋都城临安做了司龙寺的主簿。司龙寺是一个负责粮食储备、仓库管理以及京城官员禄米供应的事务性行政机构。虽然不是什么重要部门，但毕竟是当了京官。乾道八年（公元1172年），辛弃疾终于获得任命，被派到滁州去做知州，他第一次当上了南宋一个地方的一把手。毕竟是一个接地气的干才，辛弃疾到了滁州之后，"宽征薄赋，招流散，教民兵，议屯田"。也就是降低当地的赋税，招募流散的人员回来定居以增加劳动力，同时大力训练民兵队伍，带领他们开垦荒地。由于他的这一系列措施加上滁州当年风调雨顺，夏粮很快就获得了大丰收，解决了滁州居民吃饭的基本问题。

辛弃疾治理滁州非常成功，取得的成绩也赢得了很多人的赞赏。但此时的辛弃疾完全没有飘飘然，也没有忘记自己恢复中原故土的理想和抱负。正是在滁州，辛弃疾说出了一个我们后人看上去非常惊人的预言。他的这个预言，在一百年后竟然变成了现实："仇虏（金国）六十年必亡，虏亡，则中国之忧方大。"也就是说,金国六十多年后肯定会灭亡,但金国灭亡了,宋朝的忧患才真正大起来。而他当时所说的宋朝的真正大忧患,其实就是指正在金国边境地区崛起的蒙古部落。辛弃疾讲这番话的时候,距离铁木真创建蒙古汗国还有三十多年的时间,蒙古草原各部落还处于一片动荡之中,但那时候的辛弃疾就已经预见到日后的蒙古部族才是南宋政权的真正大威胁,而日后的历史事实也完全应验了辛弃疾的这个预言。六十二年以后,公元1234年,金国真的灭亡了,蒙古兵接着就开始了对南宋的战争。又过了四十五年,到了公元1279年,就连南宋也被元朝灭亡了。当时,辛弃疾还把他的这个推断写成疏奏呈送给南宋朝廷。可惜的是,他的这番先知一样的预言,竟然没有得到任何重视。

当时,宋金之间处于停战状态,但军事才能出众的辛弃疾还是找到了用武之地。宋孝宗淳熙二年(公元1175年),南宋内部发生了一场所谓的"茶寇叛乱"。在宰相叶衡推荐下,宋孝宗派辛弃疾前去讨捕"茶寇",朝廷封他为江东安抚司参议官。安抚司在宋代又被称为"帅司",辛弃疾由此开始负责一路的军政工作。南宋所谓的"茶寇",不是真正的谋反造反或强盗和匪徒意义上的寇,是南宋贩茶的商人们为了抵抗政府过度的盘剥而逐渐形成的一种走私性质的武装队伍。南宋政府对茶商压榨得十分厉害,官逼民反,所以他们组织了成百上千的人进行武装贩运茶叶。淳熙二年（公元1175年）四月，一个叫赖文政的茶商率领着四百多武装私运人员在湖北起义。很快，这支部队就进入到湖南和江西境内，还在永新县（今属江西）一个叫禾山洞的地方建立了根据地，多次打败政府军。辛弃疾到达当地后，精心安排，有守有攻，有虚有实，用了三个月时间，最终将起义军招降。这支在湖北、湖南、江西、广东等地引起地方震动的茶商军的起义，很快被彻底平定。

淳熙四年（公元1177年），辛弃疾获得了知江陵府兼湖北安抚使的任命，成了南宋的封疆大吏。在担任湖北安抚使期间，他以治乱世用重典的办法，对当地违法作乱之人实行"严打"政策，"得贼则杀，不复穷究"。在非常时期，用非常手段，湖北境内很快就"奸盗屏迹"。不久，辛弃疾改任隆兴知府兼江西安抚使。他在江西安抚使的任上，仍然毫不手软，对于当地的各种不法现象依然进行严厉打击，获得了官方赞誉。

而就在这个时候，淳熙五年（公元1178年）三月，京城内稳健保守的史浩重新担任宰相。史浩先前坚决反对张浚北伐，对于辛弃疾这种北方来的"归正人"也不太信任。史浩担任宰相之后，就把辛弃疾从地方调到京城做了大理寺的少卿。这个职务负责各地上报的各种刑狱案件，虽然级别方面没有什么改变，但辛弃疾失去了在地方任上独当一面的那种实权。其实，辛弃疾这个人不是很在乎自己个人仕途上的升降沉浮，而让他失望的是宋孝宗逐渐没有了原来那种锐意进取的刚烈之气。

淳熙六年（公元1179年），辛弃疾被调到湖南去当转运副使。辛弃疾这次到湖南，等于又获得了一个机会，同时也招来了猛烈的流言蜚语的打击。

面对南宋各地动乱的状况，辛弃疾非常关注民生问题，在《淳熙己亥论盗贼札子》这篇奏疏中，提出了"官逼民反"的观点，再次引起了宋孝宗对他的高度重视。在辛弃疾的治理下，湖南一路的治安有了很大的改善。

由于湖南和两广相邻，多民族杂居，民风彪悍，而当地政府武备空虚，但凡一有风吹草动，很容易产生民变和暴动事件。由此，辛弃疾认定，要想完全地稳定局面，必须建设一支靠得住的武装力量。于是，他又给朝廷打了一份报告，提出要在湖南建立一支以飞虎为名的新军队。对此，宋孝宗表示支持。但建立一支军队毕竟没那么容易，军费是一笔巨大的开支，兵马、粮草、营寨，都要周全考虑。辛弃疾很有干才，在接到宋孝宗同意建军的批复之后，他马上雷厉风行地干了起来。辛弃疾选定五代时割据湖南的马殷在长沙的营垒故基赶造飞虎军的营寨（故址在今湖南长沙营盘街），即刻招兵买马，打造兵器，很快就组建了一支步军一千多人、马军一百六十多人的队伍。

对于辛弃疾在湖南建立新军的事情，南宋京城枢密院中有人觉得他浪费钱财，暗中阻挠其行为，从财政方面卡他的脖子。但是，这难不倒辛弃疾。他在创建飞虎军的过程中，很会通权达变，也善于处理各种关系，开源节流，效率很高。枢密院的人看到辛弃疾如此有效率，很是生气，就向皇帝告状说辛弃疾胆大妄为，利用在湖南建飞虎军的名义大搞摊派，搜刮民脂民膏，致使当地民怨沸腾。宋孝宗听说后，也怕辛弃疾在当地闹出什么麻烦来，立即颁下"御前金字牌"，指令辛弃疾马上停止飞虎军营寨的建设。

所谓的宋朝御前金字牌，是宋代专供皇帝用来传递紧急重要公文的木牌，日行五百里。这种木牌漆上红漆，上刻金色文字"御前文字，不得入铺"。御前金字牌是皇帝的御旨，又带有十分紧急的性质，所以，接到金字牌的官员都必须马上服从皇帝的命令。

宋朝这种御前金字牌的威力，岳飞当年北伐的时候就领教过。当时岳家军已经打到离汴京只有四十多里的朱仙镇，就在岳飞要"直捣黄龙"的时候，宋高宗赵构一天之内连下十二道金牌，最终岳飞只得班师回朝，从而断送了收复失地的大好形势。

如今，辛弃疾也接到了这样一面御前金字牌，意味着他先前投入了大量心血的飞虎军建设马上就要半途而废。辛弃疾先是恭恭敬敬地接受了这面金字牌，然后"受而藏之"，接着他就把主管飞虎军建设工程的官员叫来下了一道死命令，责令他一个月之内必须把飞虎军的营寨建好，否则军法从事。辛弃疾多厉害的人啊，他手下那些负责工程建设的人心急火燎，日夜施工。可没几天，他们忽然发现了一个难以克服的困难。当时秋雨连绵，飞虎军营寨需要的那个屋瓦根本无法烧造。主管官吏也没辙了，对辛弃疾说，我只能把脑袋交给你砍了。辛弃疾就问他需要多少瓦，官吏回答说要二十万片。辛弃疾一笑，说这事儿好办。第二天，他对长沙城内外的居民发布命令：每户必须供应二十片瓦，官府付给一百文的买瓦钱，限两天内收齐后送到飞虎军的营地。二十万片瓦片确实很多，但是对于城内的每户人家来说，从自己屋顶上拆移二十片瓦就太容易了，而且还有这么多钱收。所以，大家反应非常积极。不到两天，二十万片瓦片全部到齐。

一个月之后，飞虎军的营寨也完全建好了。这时候，辛弃疾心满意足，马上详细地写了一份奏疏，把建造飞虎军营寨的过程以及相关的收支账目全部详细地列了出来，又绘制了一份飞虎军营寨的图形，而后派人送给宋孝宗。孝宗皇帝一看，辛弃疾组建飞虎军的事情已经办好了，建军造营的账目也很清楚。宋孝宗很满意。就这样，辛弃疾终于在湖南建立了一支能够平叛的精锐部队。

根据《宋史》的记载，飞虎军成立以后，雄镇一方，不但很好地担负起了维护地方治安的任务，而且对北方边境的守备也起了很大的支持作用。金兵对于这支作战勇敢的军队也相当地畏惧，称它为"虎儿军"。

4. 无奈的隐居蛰伏

宋朝一向是"兵不知将，将不知兵"，皇帝猜嫌大臣长久统领一支军队。所以，辛弃疾还没有来得及体验一下自己苦心经营的成果，还没有指挥"飞虎军"进行真正的作战，淳熙七年（公元1180年）底，朝廷来了一道调令，他再次被任命为隆兴知府兼江西安抚使，离开了湖南。

宋孝宗为什么要在这时候忽然把辛弃疾调开呢？应该还是和朝廷中有大臣对辛弃疾进行攻击有关。虽然他离开了湖南，但朝廷中的言官对他的攻击依然不减。淳熙八年（公元1181年）冬天，南宋朝廷的监察御史又向宋孝宗狠狠地告了辛弃疾一状，重新翻他在湖北湖南期间的老账。根据《宋史·辛弃疾传》记载："台臣王蔺劾其用钱如泥沙，杀人如草芥。"台臣就是对官员有弹劾权力的监察御史。《宋史》这句话的意思就是说，监察御史王蔺弹劾辛弃疾，指责他用起钱来就像用泥沙一样浪费，杀起人来就像割草一样轻易。

乱世用重典，辛弃疾在湖北湖南等地"得贼则杀，不复穷究"，这个不必解释细说。后世主要的争议就是说他浪费公帑，甚至说他贪污公款自己修营别墅。辛弃疾在湖南当安抚使的时候，为自己建造的一座名为"稼轩"的别墅，据说规模不小，包括周围的山林田地在内，有一百七十多亩，大约相当于现在十几个足球场那么大。其中，辛弃疾还建造了上百间房子。在这个别墅刚要建成的时候，南宋大名人、辛弃疾的同事朱熹还跑进去参观了，后来他写信给辛弃疾的朋友陈亮说，里面的建筑宽敞明亮，让人大开眼界……从今人角度看，如此庞大豪华的园林府邸，如果不贪污，钱从哪里来啊！其实，南北两宋对待官员十分阔绰，当时的地价和房价很低，辛弃疾的合法收入，完全可以支持当时他那座号为"稼轩"的大别墅。既然如此，御史王蔺对他的弹劾是无风起浪吗？应该也不是，还是和辛弃疾在湖南创建"飞虎军"的事情有关。他在湖南组建"飞虎军"的军费开支，资金投入高达四十二万缗，辛弃疾还从民间募集了大量的人力、物力和财力，确实称得上是"用钱如泥沙"。因此，查实辛弃疾是否聚敛和贪污，也算南宋御史的职责所在。

虽然御史指控辛弃疾"虐害田里"和"杀人如草芥"没

有充分的事实根据，也不知道宋孝宗是从什么角度出发看问题的，这次他竟然不再保辛弃疾，而是以朝廷名义撤销了他一切职务，就连行政级别都没有保留。辛弃疾别无选择，只能回到刚刚建好的带湖新居中去当隐士，在江西上饶的带湖边开始了他的去官闲退生涯。有一首《西江月》，就是辛弃疾在闲退期间的名作："明月别枝惊鹊，清风半夜鸣蝉。稻花香里说丰年，听取蛙声一片。"在这首词作中，我们现在的人只是看到了辛弃疾所描述的农村夏夜的幽美景色，但他的内心深处，想必是非常不平静的。毕竟，大宋沦陷的北方山河，时刻萦绕在他的心中、他的梦中。他在一首《清平乐》的词里这样抒发自己的情绪："平生塞北江南，归来华发苍颜。布被秋宵梦觉，眼前万里江山。"这首词的意思是说，我一辈子行走在塞北和江南，回来的时候头发已经花白了，容颜也衰老了，但在秋天的夜里，当我从布被里梦醒之后，眼前浮现的，依然是大宋的万里江山。

尽管辛弃疾不愿意这样长期隐居蛰伏下去，更不愿意这样浪费大好时光，但当时毕竟身背了贪酷恶名，要想东山再起还是挺不容易的。淳熙十四年（公元1187年），也就是辛弃疾遭到王蔺弹劾被撤职后的第六年，在左丞相王淮建议下，宋孝宗就给辛弃疾安排了一个"宫观主管"的名号，让他去管理武夷山冲佑观这么一个政府的产业，这其实是个空名，属于宋朝优待闲放干部的散差，主要是可以借此领点薪水。直到公元 1191 年的冬天，他才被朝廷任命为福建提点刑狱，这是一个省级的司法长官。在此后的三年里面，他先后担任过代理福建安抚使、福建安抚使这些职务，中间还被召回临安去当了半年的京官。也就是在这个时候，告辛弃疾状的人陆续出来告状，还是一直抓着贪酷两个字做文章。而这一回的攻击，主要针对他在福建当官期间的表现。其实，细读历史我们就可以知道，辛弃疾在福建的施政方针是"务为镇静"，对待百姓宽厚仁爱，对待下属从严管理，所以，言官们指责他在福建为官"严酷"完全不符合事实。

那么，为什么朝廷之中一直有人紧盯辛弃疾呢？为什么不依不饶地弹劾他呢？如果把这些弹劾简单归结为主战派和主和派之间的矛盾外延，就是把问题简单化了，因为在弹劾他的人当中，也有实实在在的主战派。其实，最主要的原因，还是如辛弃疾自己在给宋孝宗的《淳熙己亥论盗贼札子》中所讲："臣平生刚拙自信，年来不为众人所容。"

一个人"刚拙自信"，敢说敢做不愿意迎合别人，肯定就容易得罪人，就容易触动官场的潜规则，所以他一直为人所不容。

当然，在南宋那个民族矛盾十分尖锐的年代里，像辛弃疾这样积极主张北伐恢复故土的英雄人物绝对不会缺少知己。

当时就有一位和他一样充满争议的人物和他结下了深厚的友谊，这个人就是大词人陈亮。淳熙十四年（公元1187年）冬天，陈亮从浙江长途跋涉到了江西的铅山，专程拜访被弹劾闲退在家的辛弃疾。当时的辛弃疾本来身体有小恙，陈亮的到来使他霍然而愈。这两个朋友意气相投，每每谈论国家大事直到深夜。辛弃疾有一首《贺新郎》，就是叙说他们俩当时谈话的情形："我病君来高歌饮，惊散楼头飞雪。笑富贵千钧如发。硬语盘空谁来听？记当时只有西窗月。"但是，如此两个大英雄，一个被迫隐居，一个被看成狂妄的书生，都报国无门。

辛弃疾和陈亮两个人的政治主张相同，个性脾气也相投，而且他们都不被朝廷重用，由此，两人惺惺相惜，互相视对方为一生知己。在二人聚会期间，还顶风冒雪去了江西和福建交界处一个叫紫溪的地方，约会一位在中国历史上大名鼎鼎的人物——南宋的理学大师朱熹。可惜的是，朱熹当时并没有赴约。

朱熹比辛弃疾大十岁，他是中国历史上的大儒，他所主张的理论在当时被称为"理学"或者"道学"。以他为代表的这一派有一个著名的口号："存天理，灭人欲。"（程颐提出）就是说，要保存那些符合天理的东西，战胜人的私欲，用这样的方法加强人的道德心性修养，朝着圣人的方向努力，最后实现社会和谐，达到天下安定。当然，辛弃疾和朱熹的最初交往倒并不是因为辛弃疾对道学感兴趣，而是因为朱熹的道德文章。而且，当初辛弃疾在湖南创建飞虎军，朱熹就颇有微词，认为这种做法会增加军费开支，加重老百姓的负担。淳熙八年（公元1181年），辛弃疾兼任江西安抚使的时候，他手下军人在客船上挂着辛弃疾江西安抚使的牌子，船内装了满满一船牛皮，经过当时朱熹所管辖的南康境内，遭到朱熹手下的盘查和扣押，朱熹认定手续不符合规定，属于走私，准备没收这艘船所装的牛皮充公。辛弃疾呢，由于掌管当时地方军队上的事务，就写信要朱熹放行。朱熹虽然最终把这船牛皮又还了回去，但在后来给一个朋友的信中，还是对辛弃疾的这种做法提出了批评。不打不成交，辛弃疾在绍熙三年（公元1192年）初重新出山到福建做官，和这个比自己大十岁的道学家关系越来越和睦，对朱熹本人的道德和学问也表现出十分的尊重和佩服。辛弃疾曾经写诗给朱熹祝寿说："历数唐虞千载下，如公仅有两三人。"这样的评价，那是相当高了。

绍熙五年（公元1194年），南宋信奉道学的宗室大臣赵汝愚担任宰相，身为道学家领袖的朱熹因此被召进京做了皇帝的老师。不久之后，赵汝愚在和外戚韩侂胄的权力之争中失败，朱熹受牵连，也被赶出了京城。而且，当时他所创的

"道学"还被称为"伪学",凡是信奉道学的人也被称为"逆党"。辛弃疾也因为自己和朱熹以及赵汝愚之间的良好关系受到了牵连,本来当时已经退居在江西家中的他,接连受到了好几次弹劾。虽然政治环境非常险恶,朝廷对道学和道学家的打击和迫害越来越厉害,但辛弃疾始终保持着和朱熹的联系和友谊。庆元六年(公元1200年),满腔忧愤的朱熹病逝在武夷山中,消息传来,辛弃疾不顾危险和禁令,在朱熹正式下葬的时候,亲自赶到了武夷山献上了自己的悼念文章,其中有四句说:"所不朽者,垂万世名。孰谓公死,凛凛犹生!"辛弃疾以这样英勇的实际行动,证明了他对道德和正义的支持,也为他和朱熹之间的友谊画上了一个完满的句号。

不过,南宋朝廷在这个时候又出现了一些新的动向,辛弃疾和那位权倾一时的韩侂胄之间的关系出现了一些令人意想不到的变化。

5. 晚年辛弃疾

嘉泰三年(公元1203年),年已六十四岁的辛弃疾,意外地接到了朝廷任命他为绍兴知府兼浙东安抚使的通知。这时候,外戚韩侂胄权倾朝野,辛弃疾一直和道学人物朱熹等人过从甚密,又曾经站在韩侂胄的对立面,为什么会被重新起用呢？

因为这时韩侂胄本人也面临着一场重大的危机。宪圣太后吴氏和宁宗皇后韩氏在庆元年间先后死去，作为外戚，韩侂胄失去了两座最有力的靠山。宪圣太后是宋宁宗的曾祖母，也是韩侂胄的姨母。当年宋光宗退位，赵汝愚扶宋宁宗上台，就是通过韩侂胄的关系，最终取得韩侂胄姨母宪圣太后的点头认可，才得以顺利实施的，所以宁宗在她面前只能乖乖听话。而当时可以向宋宁宗吹枕边风的韩皇后又是韩侂胄的侄女。有这两个女人在宫内，韩侂胄的地位肯定非常稳固。但这两个女人先后去世，老韩自己心里就有些打鼓了。他手下就有人劝他，说朱熹道学派系势力其实根深蒂固，现在您依靠权力把他们硬压下去了，保不齐日后他们东山再起，凡事不要做绝，现在对这些人，该用还要用。正是在这样的情势下，辛弃疾重新得以起用。

辛弃疾得到任命出乎许多人的意料，他自己也高兴异常，其做法很令他当时的一些朋友以及后来的一些人感到意外。他不仅接受了任命，而且还专门写了一首词《六州歌头》，颂扬韩侂胄家族的功绩："千载传忠献，两定策，纪元勋。孙又子，方谈笑，整乾坤。"

这首词前面三句是赞美韩侂胄的曾祖父，也就是北宋名臣韩琦为宋朝立下的功劳，因为韩琦先后两次辅助宋英宗和宋神宗登基，所以说是"两定策"。赞美过韩侂胄的曾祖父之后还不算完，他接下来又赞美韩侂胄，说到了曾孙这一辈，韩侂胄如今谈笑之间，类似东晋谢安石那样正潇洒地整顿乾坤，处理天下大事。如果想一想辛弃疾一直以来的为人，总会觉得这首词阿谀的意味过浓，甚至有人说这首词是伪造的，不是辛弃疾写的。其实，这首词肯定是辛弃疾写的。政治不是我们想象中的非黑即白，即使不贪图荣华富贵，即使不趋炎附势，作为当时年过花甲真心希望自己有机会为国出力的辛弃疾，写一首词赞颂一下当朝宰相，还是能够理解的。

烈士暮年，壮心不已。辛弃疾从青年时代开始就一直追求恢复中原，这是他一辈子的雄心壮志。即使在长期闲退的岁月里，他的这种雄心也没有被消磨掉。如今，既然韩侂胄重新起用了他，他肯定欣喜地看到了自己又有了实现理想的机会，于是以一首词来表示对韩侂胄的感谢。

到了韩侂胄当权的年代，宋金之间力量对比日趋平衡。金国被北方的蒙古部族弄得焦头烂额，南宋朝臣再也不像先前那样畏惧金国，出使到金国的南宋使者也更加理直气壮。而韩侂胄手下的人，也不停撺掇他要"立盖世功名以自固"。为此，韩侂胄就试探性地放出风声，制造舆论准备北伐。

辛弃疾得知韩侂胄的志向之后，还是很满意的，如今他们算是志同道合了。嘉泰三年（公元1203年）底，才当了几个月浙东安抚使的辛弃疾被召回京城,当时宋宁宗就问他是否可以对金国开战。辛弃疾回答说,如今金国的动荡和亡国是必然的事,希望陛下您把这个事情交给元老大臣来做,一定要事先做好应变的准备。当时在座的韩侂胄听到辛弃疾说这样的话,非常高兴。辛弃疾口中的"元老大臣",非自己莫属啊,毕竟韩侂胄经历过宋高宗、宋孝宗、宋光宗、宋宁宗四位皇帝,绝对是老资格的大臣。所以,当时辛弃疾对宋宁宗所说的话,肯定是对韩侂胄一个很大的支持。

就在被起用后的第二年(公元1204年)三月,辛弃疾被朝廷派到镇江去当知府。镇江知府是一个地方上的文官,这和即将到来的北伐有什么关系呢?其实镇江这个地方距离当时的宋金边境很近,在军事上非常重要。当年南宋名将韩世忠,就是在附近的黄天荡地区阻击了金国统帅兀术,双方在长江边上大动干戈。如今,辛弃疾来到镇江这样一个军事重镇之后,即刻招兵买马,搜集情报,制订详细的行军规划,开始备战工作。但是,就在备战过程中,辛弃疾和韩侂胄在北伐问题上产生了分歧。

这个时候,距离北宋灭亡已经有七十多年了,宋朝的北方领土一直在金人之手,中原遗民一直热切盼望宋军北伐,而南宋军民也有报仇雪耻的强烈愿望。而金国当时是金章宗在位,国势远不如以前,尤其是金国北方蒙古部族崛起,不停地对金国展开进攻,大大削弱了金国的统治。在这样的情况下,无论是出使金国的南宋使者,还是回来通报消息的南宋间谍,都向韩侂胄汇报说现在可以立刻展开北伐。在这些情报的鼓舞下,韩侂胄决定要马上动手。但是,一直在镇江备战的辛弃疾却对韩侂胄立即发动北伐的做法持保留意见。

辛弃疾不是李白那样信口胡诌的诗人,他是真正的实干家,而且对北伐的态度一直十分积极,在任何时候都在关注金国的情况,不停搜集情报。到了镇江以后,他更是舍得花大价钱去搜集有关金国的军事情报。有一次,他得到一个一尺见方的锦图,这个锦图上面详详细细地标注着各地金兵的兵马数量、驻扎地点和将帅的姓名,当时和他一起观看的另外一个大臣看到辛弃疾手中有如此高度机密的军事情报,大吃一惊,就问辛弃疾是怎么弄到的。辛弃疾笑笑说,为了这张图,自己已经花了四千缗了。一缗是一千文铜钱。当时南宋的米价是一石米三百到六百文钱,四千缗就是七八千石米的价格,不可谓不高,不可谓不贵!辛弃疾通过花大价钱搜集到的情报,与南宋使者们或者是双面间谍给出的道听途说和虚假情报相比,当然更准确,更全面,更细致。因此,他认为韩侂胄等人对当时的北伐形势有些盲目乐观。辛弃疾一直保持着清醒的头脑。

辛弃疾有一首词《永遇乐·京口北固亭怀古》:"千古江

山,英雄无觅,孙仲谋处。舞榭歌台,风流总被,雨打风吹去。斜阳草树,寻常巷陌,人道寄奴曾住。想当年,金戈铁马,气吞万里如虎。 元嘉草草,封狼居胥,赢得仓皇北顾。四十三年,望中犹记,烽火扬州路。可堪回首,佛狸祠下,一片神鸦社鼓。凭谁问:廉颇老矣,尚能饭否?"

仔细地品读上半首词就会感觉到,在作者表面的振奋之外,其实更多的是一种郁闷甚至是愤激的情绪。"舞榭歌台"泛指繁华景象,"风流"指英雄的流风余韵,想当年孙权观赏过歌舞的亭台楼阁,还有当年他所创下的英雄业绩,种种的繁华和风流,都在千年的风吹雨打中消失了。而刘裕这个英雄曾经的住处呢,也湮没在寻常巷陌之中。其实,词义中间就隐含了一种"时无英雄"的感叹,也就是说当下的现实生活中再也找不到像孙权和刘裕这样的英雄人物了,隐隐包含着一种对当前南宋宰执们眼中所谓的大好形势的一种担忧。而下半首一开始,就说"元嘉草草,封狼居胥,赢得仓皇北顾"。这几句词已经挑明了辛弃疾对于韩侂胄即将要开始的北伐的深刻担忧。"元嘉"是刘裕的儿子宋文帝刘义隆的年号,"狼居胥"是一座山的名字,汉代的名将霍去病在与匈奴的作战中取得了胜利。当时他追击匈奴的首领一直追到狼居胥山,在封祭当地的山神以后凯旋,所以后世就把"封狼居胥"比喻为和草原部族战斗立下不世之功。南朝时期的宋文帝曾经

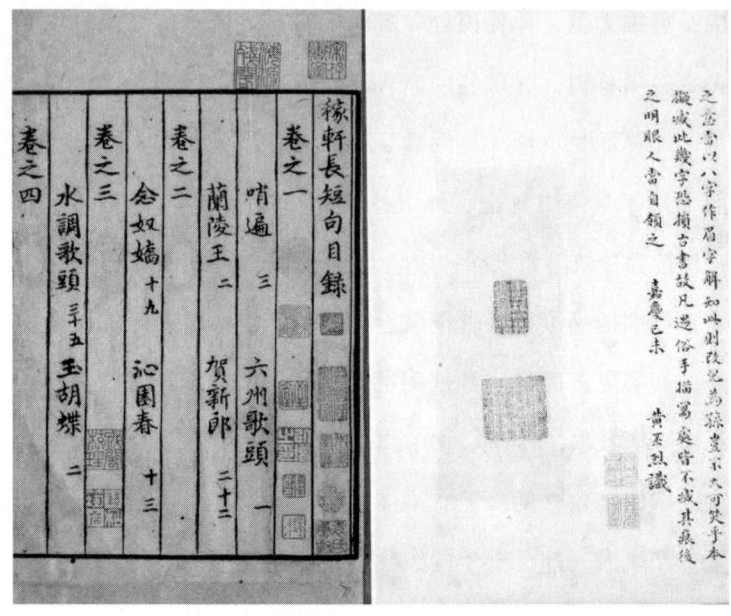

中国国家图书馆藏元刻本《稼轩长短句》书影

在元嘉年间发动北伐,由于准备不充分,领兵的将领王玄谟又是一个夸夸其谈的庸才,所以就被北方鲜卑族建立的北魏打得大败,最后慌慌张张地跑回了镇江。辛弃疾在这里显然是警告韩侂胄,在北伐的事情上一定要以历史为鉴,千万不要任用像王玄谟那样只会纸上谈兵的人,否则就会像宋文帝北伐一样,大败而归。"四十三年,望中犹记,烽火扬州路。"公元 1161 年金国皇帝完颜亮南下一直打到了扬州,当时辛弃疾参加北方义军。1161 年底到 1162 年初,他带着义军首领耿京的书信南下归宋。到如今，四十三年过去了，只要回望过去，辛弃疾眼前依然会涌现当年扬州一带遍地的烽火，依然会产生对金国强烈的憎恨。"可堪回首，佛狸祠下，一片神鸦社鼓。"这几句，就是把宋文帝北伐的历史和金兵南下的现实巧妙地结合起来，"佛狸"是宋文帝当初北伐的对象、北魏太武帝拓跋焘的小名，拓跋焘当年打败王玄谟以后率军一直追到长江北岸一个叫瓜步山的地方，也就是今天江苏南京六合区的东南，并在那里建立了一个行宫。这个行宫后来变成了一座祭神的庙堂，被称为"佛狸祠"，当地百姓每到祭神的时候会有击鼓的节目，庙外还会有前来偷吃祭品的乌鸦。由于"佛狸祠"是宋文帝北伐失败和北魏太武帝拓跋焘到南方来耀武扬威的象征，在辛弃疾心目中，这个建筑是一个汉民族耻辱的标志，所以他才对此发出不堪回首的感慨。这首词的最后，"凭谁问：廉颇老矣，尚能饭否？"辛弃疾其实是一种毛遂自荐，意思是如果派我领兵打仗，虽然我年纪大了，应该还是可以的。

南宋开禧元年（公元 1205 年）六月，宋宁宗下了一道密令，宣布即将北伐。就在这个紧要关头，辛弃疾又被人告了，这次说他"好色、贪财、淫刑、聚敛"，罪名挺多挺重。不知道为什么，朝廷用人之际，辛弃疾竟然再一次被撤职，只得又回到了江西铅山的家中。这一次被弹劾，是否和先前辛弃疾与韩侂胄之间的分歧有关，我们不得而知。但到了这一年十一月，朝廷又第二次任命辛弃疾去当绍兴知府兼浙东安抚使。心灰意冷的辛弃疾这一次没有到任，他毫不犹豫地辞掉了这个职务。

南宋开禧二年（公元1206年）五月初七这一天，临安皇宫内正式发布北伐诏书，其中字句倒是鼓舞人心："天道好还，中国有必伸之理；人心效顺，匹夫无不报之仇。"沉寂了四十多年以后，南宋终于再次对金国宣战，准备复仇雪耻。历史上将这次北伐称为"开禧北伐"。

而在这场战争开始的时候，辛弃疾正在江西铅山家中养病。开禧北伐虎头蛇尾，结果竟然是金兵分九路南下，南宋部队望风而逃，到了这年的十一月，金兵前锋已经抵达了长江北岸，江南大震。气急败坏、心急如焚的韩侂胄只得派人到铅山去请辛弃疾重新出山，而且任命辛弃疾为枢密院都承旨，这可是南宋最高军事领导机关的一个非常重要的职务。南归四十多年之后，辛弃疾终于第一次有了真正指挥南宋正规军跟金兵作战的机会。可惜的是，当时的辛弃疾已经病入膏肓，再也没有力量去完成自己恢复中原的使命了。

开禧三年（公元1207年）九月初十，弥留之际的辛弃疾忽然睁开了眼睛，大叫数声："杀贼，杀贼，杀贼！"而后，这位大英雄满含遗憾地走到了生命的尽头，终年六十八岁。

6. 韩侂胄"开禧北伐"前后事

在后世人眼中，南宋大词人辛弃疾和大诗人陆游，肯定都是"好人"类型，他们头上最大的光环就是"爱国者"。特别是陆游，其《示儿》诗中的名句"王师北定中原日，家祭无忘告乃翁"，朗朗上口，孩童皆能诵记。

而说到辛弃疾，人们马上会想起"金戈铁马，气吞万里如虎"的英雄形象，文才武略，勃然而出。他的《永遇乐·京口北固亭怀古》一词，对南宋"开禧北伐"的失败早有预见，堪称事前诸葛亮。

在这首怀古抚今的"大作"中，辛弃疾因诗词论时政，显示出他在"开禧北伐"前深忧南宋准备不充分，已经预见到北伐会以失败告终。辛弃疾本人编文集时也注明是作于开禧元年（公元 1205 年）春，即他离开京口回到铅山时所写。

其实，我们读宋人笔记《玉堂嘉话》，可以看出当时辛弃疾与韩侂胄完全站在一条战线上，算是南宋对金战争的发起人之一："及议边事，主和议者众。公曰（公即指辛弃疾）：'齐襄公复九世之仇，况我与金（国）不共戴天耶！'时韩（侂胄）丞相当国，与公议相合。自是败盟开边，用兵于江淮间数年，公力为多。"

《玉堂嘉话》这部书，对辛弃疾很有微词，似乎觉得他不应该附和韩侂胄为国生事。正是因怀才不遇沉沦外任多年，开禧北伐前辛老汉确实一直从里到外赞襄韩侂胄，力劝他对金国用兵，应该算是战争责任人之一。但北伐的失败，其实还真不能归咎于辛弃疾。

至于陆游，诗歌方面是一把好手，堪称大家，而政治、军事方面的能力，确实没有显现出来。陆游青少年时代参加科举，位列第一，居秦桧之孙秦埙之上，惹得老秦大怒，不仅把主考官"办"了，更记住了"陆游"两个字，嫉恨之余，就是不让他中举。直到宋孝宗即位，才"赐"陆游进士出身。后来，他又因"交结台谏，鼓唱是非，力说张浚用兵"，被罢免京中官职。

外任期间，陆游幸得宋朝崇文的风尚保护，终世做一个富贵闲人，为皇帝修修实录什么的，诗词歌赋，怡然生活。当然，才子总是不甘寂寞，陆游七老八十的时候，"晚年再出，仍然为韩侂胄撰《南园阅古泉记》，见讥清议"。

连朱熹也这样评价他："其（陆游）能太高，迹太近，恐为有力者所牵挽，不得全其晚节。"

所以，韩侂胄北伐的幕僚班子中，陆游也算一个，他也是韩侂胄最终倒霉的推波助澜者。

韩侂胄被杀后，陆游怕惹祸上身，其文集中删去了他先前为韩侂胄撰写的《南园阅古泉记》以及《南园记》。倒是写

《四朝闻见录》的叶绍翁好事，详详细细抄载了这两篇文章。

陆游文学天分高，文章大手，读他所写的《南园阅古泉记》，可见其耄耋之年的奉谀之语和灿然文采。

八十老翁，文笔华章之余，观其在韩太师面前那种强撑老腹、尽饮一觚的献媚之态，尤可矜哀中国古代知识分子的多面性。当然，中国古代的政治生态几千年来皆如此，如果一个人得势，自是四方迎合，众口皆誉。如果在政治上失势，抑或被政敌扳倒，即使像韩侂胄把"公家"的东西放在"公家"招待所，也定会成为生活"奢靡"的大罪证。

其实历史上的韩侂胄并无罪大恶极之事，他当时的北伐兴兵，固然因自己想立功名而起，但辛弃疾、陆游等人力劝也必定产生助力。

但人只要失败，万恶归于一身，政敌在当时所撰写的"墓志铭"，定然竭尽歪曲之能事，而他生前"好友"们，无奈之余只能袖手叹息。这还算好的，多数"朋友"会毅然投入敌方阵营，使劲朝老友泼污以示界限分明。

说起韩侂胄，我们肯定要从南宋的"两朝内禅"讲起。宋高宗在金帝完颜亮侵宋失败后，审时度势，禅位于并非自己亲生儿子的宋孝宗，退养德寿，精明至极。他确实也是所托得人，宋孝宗在"太上皇"的阴影下为帝二十五年，始终孝顺，父子之间，情义无双。当然，从政治能力方面讲，宋孝宗也属中等天分，"志大而量不弘，气胜而用不密"，特别是与金军交战的符离之败，挫折之下再无振作，当然就不是历史上真正大有为的帝王。

究其实也，仍是宋朝对武将的"猜防"祖训使然，"鉴陈桥（兵变）之事，惩五代之前车，有功者必抑，有权者必夺"（王夫之《宋论》）。宋高宗即使仓皇南渡、国将不国之时，仍然畏武将如仇，致使文墨笔吏出身的秦桧大行阴计，排挤贤能，枉害虎将。如果秦桧不死，说不定又是萧衍、杨坚的宋朝翻版。其实，秦桧最大的流毒，还在于对宋朝人才的戕害，邪臣之恶，莫大于设刑网以摧士气。

宋金隆兴和议后，双方的和平状态保持了大约有四十年之久。为此，金世宗完颜雍获得"小尧舜"的美名，宋孝宗也被后世腐儒赞为"仁恕"之主。

明末清初的大儒王夫之就一针见血地指出，宋金两国接连亡于蒙古，其实最早的祸因正是肇于两国当时的和平"善举"。

金世宗史称明主，其实也属于篡弑之君，他能为众人推立为帝已属天幸，所以，他对南宋的"退忍"和一切"和平"努力，都是出于无奈。至于他"息祸养民"一说，只是金国腐儒和马屁精的谀辞。"汝欲息，而有不汝息者旁起而窥之。"封建时代，落后民族只要确定了向"文明"迈进的想法，往往就会忘掉身边还会有像"昔日之我"的更落后的民族在蠢蠢欲动,"一息之余,波流日靡,大不可息之祸,亘百余年而不息"(王夫之《宋论》)。

我们从历史的经验中认识到:"天下虽安,忘战必危!"一旦金戈铁马的女真人习惯了风花雪月,放弃了武备,边境蒙古部族的嗷嗷叫声就由远而近,金朝、南宋,便在血火之中化为文明的碎片。

南宋淳熙十四年(公元1187年),宋高宗赵构安死于宫,寿至八十一岁。

当时,天性至孝的宋孝宗哀痛不已,差点给传位于自己的赵构定庙号为"世祖",后经臣下劝说,表示要"子为父屈",因为宋高宗赵构之父宋徽宗赵佶尚且称"宗",做儿子的不可能称"祖"。最后,南宋君臣就给赵构定庙号为"高宗"。

太上皇赵构"崩"了,本该放开手脚大干的宋孝宗却萌生退意,两年后,他禅位给自己的儿子赵惇,是为宋光宗。

宋孝宗禅位于子,大概出于两个原因。其一是倦怠于国事,想退养以安天年;其二是当时金世宗去世,金世宗的嫡孙完颜璟即位为帝(金章宗)。依据宋金和议,金与宋是叔侄之国,如果接着当宋国皇帝,六十多岁的宋孝宗以后在与金国新帝的外交表奏上就要称毛头小伙子金章宗为"叔",一向注重名分的孝宗皇帝当然不会像沙陀人石敬瑭那样不知廉耻。

所以，他选择了退位，也可免去称金朝小皇帝为"叔"之辱。

世上可叹的事情往往出人意表。南宋孝宗皇帝乃天下纯孝之人，先前对不是自己亲爹的宋高宗奉养始终，而他自己的亲儿子宋光宗，却是天下大不孝之人。此人，不仅荒淫好酒好色，又百分百怕老婆，伤尽天下孝子贤孙之心。

宋光宗的皇后李凤娘，是庆远军节度使李道的女儿。李道在湖北时，与一个名叫皇甫坦的道士过从甚密，时常交换房中秘方什么的，多次向老道赠以大量黄白之物。皇甫坦这种方士神通广大，后来得在宋高宗身边行走，就向高宗推荐说李道的女儿有"母天下"之命。高宗赵构高兴，就把李氏嫁给宋孝宗的儿子恭王（后来的宋光宗）为妻。

嫁入赵家后，李氏妒悍非常，宋高宗、宋孝宗父子大叹看走眼。宋高宗曾经叹息"此女将家悍种，我为皇甫坦所误"。而宋孝宗先前对这个凶悍的儿媳也曾呵斥训诫："你再凶妒，我就废掉你皇太子妃的名位！"

由此，仇恨的种子，深深种植于这位自幼长于跋扈军头家中的女人心中。

宋光宗当皇帝后，李凤娘成了李皇后，自然不把"退休"的老公公放在眼里。宋光宗只有一个儿子嘉王赵扩，乃李氏所生。光宗皇帝夫妇急忙想立这个儿子为皇太子。孝宗皇帝心中却想立光宗的二哥赵惇的儿子为皇储。

李凤娘闻言大怒,气冲冲闯进太上皇老公公内宫,大叫大嚷:"我李氏是你们赵家明媒正娶进来的,嘉王又是我亲生儿子,为什么他不能当皇太子!"

如此凶悍的媳妇,别说在礼教甚严的宋朝,在上下五千年的皇朝中也很难找出第二个人来。

7. 宋光宗的另类禅位

宋光宗的皇后李凤娘为了让自己儿子当皇太子,竟然冲入退休的老公公宋孝宗殿内跳脚高言,把孝宗皇帝气得浑身哆嗦,口不能言。而后,李氏扭身出宫,直奔宋光宗处,拉着自己儿子嘉王向光宗大哭大叫,说太上皇有废掉光宗之意。在这个女人的撺掇下,宋孝宗、宋光宗父子之嫌隙,也由此开始加深。

后来,宋孝宗知道儿子体弱,派人精制了调养药丸给儿子光宗,李皇后竟说太上皇要毒死光宗,致使孝宗、光宗父子日后的关系更是势如水火。作为皇子的宋光宗,从此基本不入宫向父皇孝宗皇帝问安。

皇后李凤娘的淫妒愈演愈烈。宋光宗一次大便后洗手,低头见跪捧金盆的宫女很漂亮,一时恍惚,但忽然想起母老虎李皇后在旁边坐着,于是他强压欲火,干咳一声,望着宫

宋光宗皇后李凤娘

女柔荑一样白皙纤长的美手赞道:"真是一双好手。"当时听老公如此夸赞这个宫女,李皇后鼻子里哼了一声,心里"咯噔"一下,没有立刻发作。晚上,宋光宗正进御膳,太监送上一个金漆描龙朱红食盒,说是皇后送给皇帝尝鲜的"新菜"。光宗皇帝心里高兴,忙俯身亲自打开盒盖,赫然见到食盒中整整齐齐摆放着两只雪白的人手,断腕之处,仍在不停浸渗着血水。显然,刚才被他夸赞的宫女,双手已经被李凤娘派人砍下来。

光宗皇帝本来就有赵氏家族隐性遗传的精神病，由此惊吓勾起病根，精神恍惚，数日不能上朝。

没多久，趁宋光宗出城行郊礼，李皇后又派人把光宗皇帝宠爱的黄妃活活掐死，然后对外说这个美人是暴病而死。

大殓时，光宗皇帝看见棺内的黄美人舌头吐出大半截、眼睛鼓出眶外的惨状，"嗷"的一声昏死过去。自此，他的病日益加剧，不能视朝，政事多决于李后。

这位李皇后，可以说是宋朝历史上最臭名昭著的女人，骄横跋扈，大封自己李家三代为王爵，李氏家庙的卫兵竟多过赵氏皇家的太庙。她掌权期间，滥赏亲族，上至亲眷，下至门客，近二百人得获"推恩"荫赏。如此跋扈的后族，是南宋高宗以来从未有过的事情。

由于光宗皇帝许久不去朝拜太上皇孝宗，大臣们都非常疑骇。在宰执、台谏官员等大臣劝说下，光宗皇帝有几次想去与老父会面，均为李皇后所拦阻。

绍熙四年（公元1193年）重阳节，文武百官齐至，皆盼望光宗皇帝率众臣拜见孝宗。临行，李皇后忽然出现，拉光宗皇帝回内宫，说："天气太冷，陛下还是回宫饮酒。"

百官悚然，莫有敢言者，只有中书舍人陈傅良牵着光宗皇帝的衣裾请他不要回宫，当时李皇后怒声呵斥："这里是什么地方，你这个秀才不要脑袋了！"

绍熙五年（公元1194）春，太上皇孝宗皇帝病重。大臣叩请光宗亲往重华宫探病，皆遭拒绝。六月，孝宗皇帝弥留之际，左右顾盼，很想临终前见上儿子一面。大不孝的儿子光宗皇帝此时仍然与李后在内殿饮酒，根本不问父皇死活。最后，大臣彭龟年等人叩头出血泣谏，光宗夫妇才允许他们的儿子嘉王去重华宫探视孝宗。眼见孙儿来到御榻，太上皇孝宗皇帝老泪纵横，泣不成声。当夜，孝宗皇帝病逝，时年六十八岁。真是可怜见，南宋这个连庙号都是"孝"字的皇帝，却生出中国皇朝史上这么不孝的一个儿子。

更出格的是，孝宗皇帝去世后，身为儿子的光宗皇帝连丧礼都拒绝出面，这在礼制大盛的宋朝，确实是亘古未有的悖伦大事。

幸亏关键时刻宰执大臣留正、赵汝愚等人请出孝宗皇帝嫡母吴太后（此时为太皇太后，她是宋高宗的皇后），让这位见多识广的老太太主持丧仪。

宰执大臣们纷纷上奏，请光宗皇帝同意他的儿子嘉王"早正储位"，接连上奏两次，光宗皇帝只在奏折上敷衍性地批了两个字"甚好"。

李皇后对此心疑，担心大臣们架空宋光宗，就以光宗名义出御札，其中有"历事岁久，念欲退闲"之语，试探朝臣们的反应。

宋光宗基本是一个不能视朝的人，国不可一日无主，见情势危急，赵汝愚等人就想以太皇太后的名义颁旨使光宗皇帝禅位于儿子嘉王。老臣留正怕嘉王在没有光宗御诏的情况下继位名不正言不顺，便在早朝时自己假装摔一跤，然后上表乞致仕，离开了这个政治旋涡。

宰执大臣留正关键时刻溜号，大臣们人心更乱。光宗皇帝上朝，摇摇晃晃，神经兮兮，没走几步就摔个大马趴起不来，让赵汝愚等人心中危惧不知如何是好。

最后，还是大臣徐谊出主意，让赵汝愚联络当时任"知阁门事"的韩侂胄出面，入内宫说动太皇太后吴氏。吴氏的亲妹是韩侂胄之母，所以是以外甥劝姨母，事情就很好办。但是，这位吴老太太特别懂礼，拒绝参与国事，韩侂胄去了两次都没见上大姨。

逡巡欲退之时，一个名叫关礼的宦官留韩侂胄寒暄。趁此机会，韩侂胄把赵汝愚等人要使光宗内禅的事情一五一十说个清楚。关礼是个好太监，就让韩侂胄稍等，他自己进入宫内，见到吴太皇太后就跪下大哭，奏称留正离去后，赵汝愚也要出京避祸。

吴老太太大惊："怎么赵知院（赵汝愚当时任知枢密院）也要去？"关礼回答："今定大计而不获许，其势不得不去！赵知院一去，朝中无人，天下事何可为？"

吴老太太思忖再三，终于答应出面主持内禅之事。宦者关礼眼看吴太皇太后答应了此事，忙招韩侂胄说："明早太皇太后于寿皇梓宫前垂帘，谕告宰执大臣内禅之事。"

其实，宋光宗的这次"内禅"，既不同于宋高宗，也不同于宋孝宗，因为禅让的"主角"本人根本不知情，是一场另一种意义上的"宫廷政变"，所以，涉事诸人才这么心惊胆战，惶惶不安。

赵汝愚得知吴太皇太后同意，马上派遣御林军首领郭杲等人布置，命太监关礼等人秘密赶制嘉王登基用的皇袍。

转天一大早，趁禫祭（大丧除服）之时，赵汝愚率百官在孝宗梓宫前跪定，吴太后临丧垂帘。

赵汝愚出列，奏称："皇帝有疾，未能执丧，臣等先乞立皇子嘉王为太子以系人心，皇帝批出有'甚好'二字，后有'念欲退闲'之旨，请太皇太后处分。"

吴太皇太后心中有数，顺口接言："既有御笔，相公当奉行。"

于是，众臣以太皇太后名义颁旨，尊光宗皇帝为太上皇帝，李氏为太上皇后，嘉王赵扩继位为皇帝，是为宋宁宗。身为嘉王的赵扩闻讯，仓皇不知所为，连声推辞，并称："如此我恐怕要负上不孝之名"。

赵汝愚巴心巴肝地劝道："天子当以安社稷、定国家为孝，今中外人人忧乱，万一生变，置太上皇何地！"

说着话，众官也不管赵扩同意不同意，扶入素幄之中，为他披上皇帝的龙袍。至此，宋光宗、宋宁宗父子内禅之事，已成事实。

宋宁宗继位后，听从拥立大臣所言，马上把一直作为李皇后心腹的太监林亿年等数人外贬，罪名是"离间两宫"，指他们离间孝宗皇帝和光宗皇帝父子。

坏女人李皇后得悉内禅之事，却也无可奈何。转念一想，毕竟是自己亲儿子做皇帝，郁郁之间，她好歹有个心理安慰。这个女人顿失权柄，身边又总有个疯皇帝乱吼乱叫，心情十分压抑，过了六年，这位阴毒的李皇后（太后）气久成病而死。两个月后，光宗皇帝也去世了，二人前后脚双双进入黄泉。可笑的是，李氏如此一个阴狠凶毒的女人，死后谥号竟然是"慈懿"。

宋宁宗继位后，思念当时定策之功，以赵汝愚为右丞相，加殿前都指挥使郭杲为武康军节度使。至于"内禅"的另一个关键人物韩侂胄，仅仅获得一个"汝州防御史"的虚衔。

韩侂胄本是北宋名臣韩琦五世孙，其姨母是太皇太后吴氏，而宁宗皇帝的韩皇后，又是他的侄孙女。本来，自忖有定策大功，韩侂胄觉得自己肯定能获封个"节度使"什么的，可赵汝愚却对他说："吾为宗臣，汝为外戚，岂可言功！要赏也应赏那些为国宣力的爪牙之臣。"

赵汝愚倒是没什么私心,先前还推掉兼参知政事的官,但毕竟他自己得为宰执,只给韩侂胄一个象征性的虚官,韩侂胄自然悻悻不已。

赵汝愚的好友徐谊暗中劝言:"韩侂胄异日必为国患,宜饱其欲而远之。"又有人劝赵丞相加封韩侂胄节度使以免日后生怨,皆被赵汝愚拒绝。

韩侂胄虽然没有获美官,但宁宗皇帝深知此人对自己有拥立大功,自然对他日见亲幸,双方相处的机会也愈来愈多。老臣留正回京城没多久,韩侂胄怕赵汝愚倚之成事,劝宁宗皇帝把留正罢相,外放知建康府。其实,宰相留正的被罢也是他活该,他关键时刻,竟然装病撂挑子,让新皇帝耿耿于怀。

赵汝愚见留正被罢相赶出京城,恼怒归恼怒,也无法让宁宗皇帝收回成命,只好把当时在潭州(今湖南长沙)为官的好友朱熹调入中央给皇帝当"侍讲"。这个侍讲的官虽不大,却是"帝师",可以向皇帝朝夕进言。

8. 赵汝愚、朱熹党同伐异

朱熹文人品性,对韩侂胄等人深怀忧虑,常在宁宗皇帝前讲韩侂胄的坏话，又暗约台谏官员弹劾他。同时，他深劝赵汝愚应该厚赏韩侂胄先前的拥立之功，不要让他干预政事。但是，宰相赵汝愚根本没拿这位韩爷当盘菜，不以为意。谏官黄度准备上书弹劾韩侂胄，韩侂胄先下手为强，以皇帝名义把黄度外放知平江府。没过数日，他又拿出皇帝内批，罢掉朱熹的侍讲。朱熹此次"帝师"之旅确实短促，从头到尾才四十六天。

当然，宁宗皇帝喜欢绕过三省班子擅出御批，有时是靠韩侂胄"代办"，但对朱熹的外放，确实是宁宗皇帝本人所为。朱熹道貌岸然，峨冠大袖，满口仁义道德，很难不让年轻皇帝对他心生厌恶。

朱熹字元晦，号晦庵，又号紫阳，少时师从"洛学"大家胡宪等人，对程氏兄弟的理学精研推广，最终成为南宋一代的理学大腕。韩侂胄当权时，痛斥理学，称其为"伪学"，对朱熹的理学思想进行降维打击，吓得朱熹至死战战兢兢。韩侂胄一系瓦解后，朱熹却于身后暴得大名，如日中天，特别是明、清之际，朱熹成为最显赫的儒家代表，位置列于孔子、孟子之后。

其实，从人品方面讲，这位"朱子"也是个虚伪量狭之人。试举一例。

与朱熹同时的文人唐仲友是南宋"经制之学"的创始人，

才华横溢，自然引起朱熹的嫉妒。大词人陈亮本性脱率，前往台州拜谒当时为台州知府的唐仲友。宋朝文人联欢会，喜欢去花街柳巷饮酒赋词度曲，当然，那些歌姬不仅貌美如花，文学素养还特别高。陈亮豪士喜欢美女，当时看上一个歌妓，求唐仲友为她办理脱籍赎身的手续。唐仲友答应后，适值宴集，他就问那个美貌歌妓："你真要脱籍和陈官人一起离开吗？"美妓自以为从良得幸福，笑意盈盈地点头。唐仲友也是怜香惜玉，忽然叹息说："和陈官人一起，你可要有挨饿受冻的心理准备啊。"歌妓一听此言，忽然大悟，陈亮乃一落魄文人，虽一直是知府座上高宾，实际是个缺钱少银的主儿。毕竟这个美人烟花柳巷见得多，她又不是杜十娘，自然势利得要命，粉脸陡沉，马上表示愿意留在台州继续安心"本职"接待工作。不久，日夕盼望携美人归家的陈亮获知此事，怨怒不已。他知道朱熹一直与唐仲友不睦，便马上赶往当时以"提举浙东常平茶盐公事"身份巡视的朱熹那里求见。朱熹见陈亮，开口就问："近见小唐，他有什么话说？"陈亮答："唐仲友说您连字都认不全，怎能做监司！"朱熹大怒，马上派人严查唐仲友的"工作"，先后向朝廷六上奏章，给唐仲友安了八条罪状：贪污、枉法、纵容、败政、养私、营商、滥税、制造假钱。

特别缺德的是，朱熹知道天台营官妓严蕊与唐仲友相交

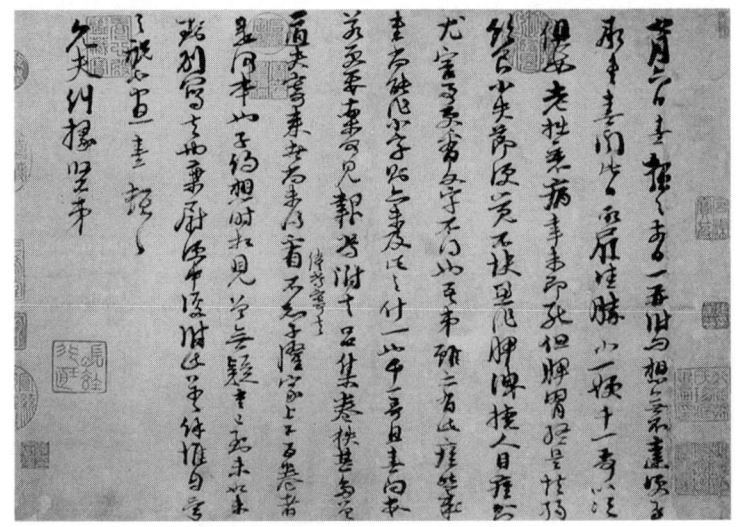
朱熹行书文稿卷。这是朱熹写给程洵的信

甚厚,便诬称严姑娘与唐仲友违法私通,瓜分官财,把姑娘抓入大牢里严刑逼供。美貌如花的严姑娘受尽折磨,就是不攀诬唐仲友,结果被打得死去活来。有狱吏看不下去,好言劝诱严蕊:"你就认罪吧,如果画押,你的罪不过是受杖,干吗在此忍受如此惨毒的拷打!"

严蕊严词拒绝:"我身为贱妓,即使与唐太守有滥私之情,罪也不会至死,但确实没有此等事,我怎能胡编认罪诬蔑士大夫!即使被打死,我也不会枉害别人。"

这样一来,严姑娘的声名却愈来愈高,连皇帝都有所耳闻。

朱熹弹劾唐仲友之事上达帝听后，时为宰执的王淮与唐仲友有姻亲关系，就对皇帝讲："这案子不过是秀才之间争闲气引起的。"宰相和皇帝两个人和事佬一做，"遂两平其事"，此事最终不了了之。

不久，朱熹改除他官，岳霖（岳飞之子）被委任为当地地方官。岳霖深知严蕊冤枉，把已经被折磨得不成人样的美女从狱中提出，让她作词自陈。严蕊口占一首《卜算子》："不是爱风尘，似被前缘误。花落花开自有时，总赖东君主。去也终须去，住也如何住。若得山花插满头，莫问奴归处。"

深知这位美人义薄云天，岳霖感动，立判严蕊出狱从良。这姑娘还算命好，被宋宗室某人纳为妾，安度后半生。

当然，这些事情，后人也有许多怀疑之声。清末大儒王国维认为这是"小说之语"，其实，所有这些事情大抵是可信的。正是朱熹日后声名显赫，其后学、弟子一直文饰其事，好的宣扬光大，坏的毁证灭迹，竟然带累那位唐仲友也成为传说中的老朱当时"反腐败"的对象。以至于唐仲友如此一个学问大家，在《宋史》中竟无一传可寻。

朱熹咽气之时，由于当时道学作为"伪学"四处挨打，"（朱熹）门生故旧无送葬者"，只有朱熹平素不甚待见又常常爽其约的辛弃疾前往吊唁，并哭泣道："所不朽者，垂万世名。孰谓公死，凛凛犹生！"辛弃疾铁骨铮铮，朱熹生前算是交了一个真朋友。

宋孝宗时代，朱熹因其儒学之名曾入朝陛见。盛名之下，其实难副。孝宗皇帝见这位大儒只会空谈，没一点经世致用的真东西，很后悔招他入京。其实，宋孝宗本人特别留意金谷理财之事，天天想备战收复故土，很反感那些"高谈无实用"的儒生，特别是朱熹为首的一帮道学先生，高冠大袖，奇装异服，天天高讲"存天理，灭人欲"，宋孝宗很不喜欢。

进入宋宁宗时代，南宋内忧外患，朱熹这套理论仍旧没有太大的市场。而且，从个人品质上讲，朱熹在当时也是言行不一，沽名钓誉。他曾经霸占身亡故友家财，引诱尼姑做妾，以朝廷钱谷做人情赠与学生，收取高额学费致富，等等。特别令时人议论的是，他家里大儿子病死后，大儿媳过了许久又怀上了孩子，老朱对此负有很大的"嫌疑"。所以，天天嘴里大甩特甩"仁义""道德""修身""治民""廉恕"的道学先生，人品成疑。

宋宁宗皇帝即位三个多月，用御批策免宰相，迁易台谏，逐免侍讲，大臣王介直言上谏，认为这些"非盛朝事也"，并言及宋徽宗时代正是屡出御笔行事最后导致靖康之祸。

宋宁宗依然故我。想当初杜衍做宰相，常攒数十封皇帝"御笔"封还，彼时的清明政治，至此时已荡然无存。宋宁宗对韩侂胄好感加深，又委他兼任"枢密都承旨"。

韩侂胄为了对付赵汝愚，把京镗升为"签书枢密院事"。本来，当初宁宗皇帝要派京镗到蜀地为方面大员，赵汝愚却奏称京镗"望轻资浅"，使京镗坐镇一方的梦想成空，恨得京镗牙根直痒痒。韩侂胄就把他引以自助。

这位京镗虽然是韩侂胄朋友，却是位堂堂好汉子。宋高宗崩后他出使金国。京镗入金后就通知对方在接待时一定要"撤乐"，即不要在接待自己这个宋朝使者的时候演奏宫廷音乐。金国当时不听这一套，逼迫京镗入席，京镗大怒喝道："吾头可取，乐不可闻！"金人甲士露刃胁逼，京镗大怒斥退。金世宗闻讯，也感叹"此人真南朝直臣也"，心生崇敬之意，特意下诏撤乐。回朝复命的时候，宋孝宗也感叹说："士大夫平素谁不以节义自诩，但又有谁能临危不惧像京镗那样！"

就是这样一个节气儒士，如今竟一直为赵汝愚所抑，自然胸中不服。后来史臣偏心，描写京镗与韩侂胄站于一列后，说他"阿谀附和，视正士如仇敌"，这完全是以成见评人。

宋朝党争，士大夫结党站队，打击异己，党同伐异，有时颠倒是非。成王败寇，日后韩侂胄被杀，人们总把他往坏里说，总是言及陈自强、苏师旦等坏人与他的交往，无视辛弃疾、陆游等"好人"也受过他的荐举提拔。

宋朝的宗室赵彦逾当时任工部尚书，他在拥立宁宗皇帝时出了不少力。赵汝愚不念前功，反而把他外任为四川制置使，逐出京城权力中心。赵彦逾由此深恨赵汝愚，自然也归于韩侂胄一派。陛辞之日，出于愤激，他点名道姓指斥赵汝愚在朝内结党营私。

当然，宋宁宗真正恨赵汝愚的原因，在于他听说自己父亲和自己"内禅"之前，赵汝愚在推立自己的立场上并不十分坚定，说过"只立赵家一块肉便了"，也就是只要是赵氏皇族直系子弟谁都可以继位当皇帝。此言意味深长，当时的赵家之"肉"可不少，宁宗的堂兄弟许国公赵柄当然也可以被推立为帝。所以，"臣不密则失身"乃千古道理，张口乱说话会让皇帝很生气，后果很严重。

关键时刻，京镗给韩侂胄出主意："赵汝愚是宗姓皇族，只要让台谏指斥他谋危社稷，肯定能一网打尽。"

此招一剑封喉。赵汝愚乃赵宋宗室赵元佐七世孙，台谏受韩侂胄之托，奏他"以同姓居相位，将不利于社稷"，宁宗皇帝本来就已经怀疑他，于是下诏罢其相位，命他出知福州。

诏书一出，太学生杨宏中等六人伏阙上书，为赵汝愚申冤。宁宗皇帝大怒，诏称杨宏中等人"罔乱上书，煽摇国是"，逮捕后送五百里外劳改。临安府知府钱象祖很卖力，亲自率人逮捕诸位太学生押送贬所。这位钱象祖，当时在韩侂胄手下十足卖力，日后也有他倒韩大显"神威"的时候。

赵汝愚被贬外任，韩侂胄如愿以偿，终于得封"保宁节度使"，节钺得手。不久，朝廷下诏，流放赵汝愚于永州。墙倒众人推，赵汝愚一霉再霉，也怨不得韩侂胄一人，他当政时在朝内得罪人太多，此时不少人来落井下石。而且，众人引经据典，把他比拟为汉朝的宰相刘屈氂和唐朝的宰相李林甫，一定要把这位前宰相置于死地。

9. 南宋挑衅生战端

流放途中的赵汝愚也郁闷至极，对几个儿子说："观（韩）侂胄之意，必欲杀我。我死，汝曹尚可免也。"（《宋史》卷三九二）

庆元二年（公元1196年）春，赵汝愚走到衡州，当地的郡守钱鍪与这位相爷有前嫌，对他窘辱备至，又骂又讥讽又数落。于是，赵汝愚忽患重病，竟然一夕暴死。他的死亡，其一可能是钱鍪暗害，其二可能是仰药自尽。我觉得后者可能性更大一些，因为他行前对儿子们说过上述那一席话，深知自己死才可以使家人免祸。

从人品上讲，赵汝愚不是坏人，他生活艰苦朴素，当宰相的时候仍然寒冬衣布裘。但此人失于疏直，不能容物察人，又爱搞小圈子，遇上宁宗皇帝和韩侂胄这一对人物，他不败也难。

赵汝愚一死，韩侂胄自然升官连连。庆元四年（公元1198年），"加韩侂胄少傅，赐玉带"；庆元六年（公元1200年），"加韩侂胄太傅"；嘉泰二年（公元1202年），"加韩侂胄太师，封平原郡王"；开禧元年（公元1205年），"诏韩侂胄平章军国事，立班丞相上，三日一朝，赴都堂治事"。

韩侂胄用事期间，大用许及之、赵师𢍰、陈自强、苏师旦等人。《宋史》等书采用宋人笔记，讲许及之参加韩侂胄生日来迟，见大门关闭，竟从狗洞钻入，有"由窦（洞）尚书"之称；又讲赵师𢍰参与韩侂胄宴会学鸡叫逗韩侂胄开心，有"鸡鸣侍郎"之号。其实，仔细研观《齐东野语》《四朝闻见录》等南宋当时文人写的笔记，都已明确说明上述故事"皆不得志抱私仇者撰造丑诋"。所以，这些事情才真的是故事，是政治丑化和谣言。

封建政治就是这样，一朝失势，万恶归之。至于陈自强和苏师旦，这两个人倒真不是什么好人。陈自强是韩侂胄的童蒙老师，苏师旦是韩侂胄当兵马钤辖小官时的秘书，这两个人其实也无大恶大奸之事，只不过皆是贪财好货之人。韩侂胄信用这两个人，从某个侧面讲还说明他人品不错，非常念旧，绝不是人一阔脸就变的主儿，他少有官场政治老手的深奥心机。

嘉泰元年（公元 1201 年），韩侂胄的侄孙女韩皇后病死。这位韩皇后本人恭婉贤惠，从未干政。她的父亲韩同卿作为国丈，也是"每惧满盈，不敢干政"。当时天下人皆知韩侂胄是后族，但没人知道时任扬州观察使的韩同卿是皇后亲爹。韩同卿父女二人两年之内前后脚病逝，没有见到随后他们韩氏大家族的覆灭。韩侂胄虽然是韩皇后亲爹韩同卿的三叔，年龄其实与韩同卿差不多。

韩皇后死后，宋宁宗宫内有曹美人和杨贵妃两个人最得宠。杨贵妃是会稽人，很小的时候就入宫为宫女，长大后连自己姓什么都不记得，后来就认会稽当地一杨姓大族为宗，姓了"杨"。老杨家的家主杨次山很幸运，这个人本来是低贱的地方商贾出身，登时成为皇后的"大哥"。这位杨贵妃人精一个，颇涉书史，常助宁宗皇帝决政事；而曹美人柔顺温婉，善良贤惠。

韩侂胄知道内宫中这两个美人的脾气秉性，就劝皇帝立曹美人为皇后。宁宗皇帝不听，他非常喜欢杨贵妃的机敏聪明，而且这个女人又会哄自己开心，巫山云雨之后还赋个诗吟个词什么的，于是宋宁宗就立杨氏为后。

杨氏得立为皇后，得知韩侂胄先前向皇帝推荐过曹美人为皇后，顿起杀心。所以，最后韩侂胄倒霉，其实是死于杨皇后这个妇人之手。

当然，当时杨皇后还是很巴结"韩太师"，常常唤韩侂胄宠姬"四夫人"进宫唠家常。四夫人是位年轻貌美不谙世事的女子，入宫之后，杨皇后假意让她坐，这女子眼大无脑，真的一屁股坐了下去，竟与当国皇后平起平坐，当时就让杨皇后心中大恨。日后，韩侂胄被诛，他的诸位妾侍即被搜身后遣回父母家，唯独对这位四夫人，杨皇后专门下旨，令京兆尹把她打了一百大板才放走。这位美貌得宠的四夫人当时也就在杨皇后身边坐了一下，最后竟然屁股被打得血肉横飞。可见，杨皇后为人，确实属面善心阴的笑面虎。

韩侂胄日后败亡，顿成朝臣攻击对象，大家指斥他"专政既久，党羽遍内外，天子孤立于上，威行公省，权震宇内"，种种指斥，大都浮诞无实。韩侂胄身为宰臣，不能不抓权，不能不用人，而宁宗皇帝对他一直信赖，也称不上他把皇帝架空。韩侂胄最后的祸由，主要是他志大才疏，自己又没有定见，贸贸然与金国开战，仓促引致败绩，最终自己被国人算计顶缸。

韩侂胄决意伐金，有着复杂的原因，但当时"国际"大形势，确实很不利于金国。当时，金国的统治者是金章宗完颜璟。金章宗是金世宗的孙子，其父完颜允恭命薄，只有皇太子的命，年纪轻轻就因病去世。所以，金世宗崩后，金章宗以皇太孙身份入继大统。金章宗本人，已经是完全汉化的女真人，在汉文化如诗歌、绘画方面皆属上上等级。他继位之后，金国从上至下基本上已经全部汉化，无论是科举制度、法规律典、礼制官仪方面，还是蕃汉通婚方面，都是个纯然"封建化"国家。

金章宗统治最盛时，国内人口近五千万，是金国的黄金时代。当然，臻于顶峰后，金国开始向下滑落。亢龙有悔，不仅仅国内天灾频频，金国北方的蒙古诸部日益强盛，北部鞑靼部族也时常侵扰边境地区，致使金国每年都要派出大军兴师讨伐，兵连祸结，士卒涂炭。所以，看上去虽然强盛，但金国的府库空虚，国势日弱，民间反抗蜂起，民不堪命。在此背景下，有人一直劝韩侂胄北伐金国，最终韩侂胄"定议伐金"，真实目的就是"立盖世功名以自固者"。

劝韩侂胄北伐的人就包括时任浙东安抚使的辛弃疾。辛弃疾入朝力劝韩侂胄说："金国必亡！"所以，韩侂胄伐金，绝非他本人位尊官宠，异想天开，正是因为南宋朝野不少人憋足劲想"恢复"立功，才不停地撺掇他渝盟北伐。

可惜的是，韩侂胄出手第一招就是大错，他下令吴曦在西蜀练兵。吴曦是宋朝大功臣吴璘的孙子，其父吴挺也一直在蜀地为帅。自吴玠以来，吴氏家族一直在蜀地为宋朝捍边，但已渐有尾大不掉之势。所以，丘崈任四川安抚制置使时就上奏:"吴挺死后,兵权不可付其子。"

也是因为要消除吴氏家族的影响力,赵汝愚当政时趁吴挺去世之机,中止了吴氏家族兄弟父子的传承,把吴挺之子吴曦调回杭州,给了一个"带御器械"(高级禁卫军将)这样的荣衔,实际上剥夺了吴氏子弟在川蜀地区的世袭权。后来,吴曦升为殿前副都指挥使,这个职位非常高了,但比起其父祖专制一方的威风,他仍感郁郁不得志。吴曦脑子活,大把大把金元宝送与韩侂胄的亲信陈自强。在陈自强力赞下,韩侂胄就把吴曦委任为兴州都统制。如此,蛟龙归海,他回到了吴氏的老根据地,手中牢牢握定了军权。

开禧北伐后,吴曦终于暴露出狰狞嘴脸,以川蜀之地投降金国,给了南宋最沉重的一击。

嘉泰四年(公元1204年),韩侂胄等人先在意识形态方面造声势,追封岳飞为鄂王。韩侂胄之所以大肆礼敬岳飞,一个原因就是在岳飞少年时,岳飞一家是韩侂胄先祖韩琦家的佃客,岳飞显贵后,特别尊礼韩氏家族。世上没有无缘无故的爱,也没有无缘无故的恨。崇荣岳飞自然是韩侂胄当时彰显"雪前耻""复中原"的政治需要,其中也包含私人感情在里面。追封岳飞为王,在当时可谓是大得人心。

金朝方面,自然也听到宋朝要兴兵的动静。金章宗集结大臣议事,几乎所有人都不相信南宋会渝盟,唯独宗室完颜匡表示："彼（宋人）置忠义保捷军，取先世开宝、天禧纪元，岂忘中国者哉！"（《宋史纪事本末》卷八三）宋朝的年号，基本上就反映出当朝帝王与大臣要干的事情，是一种风向标式的"文化"标志。开禧这个年号，正是宋朝想一展开宝、天禧年间那样的"大有为"之事。

为了稳妥起见，金章宗便派平章仆散揆在汴京统兵以防备万一。仆散揆到汴京后，也被宋朝派去的间谍骗服，认定南宋增加戍兵只是防内乱，上奏金章宗让皇上放心。金国的不少武将见势不妙，劝金章宗先发制人，被他拒绝："南北和好四十余年，民不知兵，不可败盟生事。"

金章宗本人，确确实实不想与南宋交战。数年以来，每有金使入宋，临行前他都嘱诫金使过界后不要饮酒，不要无端生事，就连金国使节在国界与宋人争"下车子处""争渡船"等细枝末节，他也严厉训斥。一年多以前，金使完颜阿鲁带从宋国回来后奏报说韩侂胄买马募兵要北侵，金章宗马上下令把阿鲁带打了五十大板，逐出京城贬官。这些举动，均显示出金章宗本人不想与宋朝生事的根本意愿。

可叹的是，一改昔日总是金人越境剽掠的状况，南宋军近几年来不时越境搞事，他们在宝鸡、郿县、石角山、平县、巩州常常跨境抄掠，顺带杀人抢东西，进行了多次试探性的进攻。每次金人移文责问，南宋方面外交官员总是声称那些事是"盗贼"们干的，并称失责官员已被降黜调换。

开禧元年（公元1205年）秋，韩侂胄为审知金国虚实，派陈景俊为贺正旦使出使金国。金章宗挺厚道，赐宴时对陈景俊说："大定初（金世宗时代），世宗许宋世为侄国，朕遵守至今。岂意尔国屡犯我边，以此遣大臣宣抚河南。及得尔国公移，朕即罢司，而尔国侵扰益甚。朕惟和好岁久，委曲含容，恐侄宋皇帝或未详知。卿归国，当具言之。"（《宋史纪事本末》卷八三）

陈景俊还朝后马上把金章宗的话汇报给宰执陈自强听，陈自强让他不要把金国皇帝这番原话告诉宋朝君臣。不仅宋宁宗不知道金章宗一番好意，连韩侂胄也不知道，只想着兴兵得胜后大家都加官晋爵。

这年年底，金国的礼部尚书赵之杰到宋朝贺来年正旦。这次朝见，就开始出了争端。

按照宋金和议之约，宋宁宗应该亲自起立从金使手中接受金朝的国书。韩侂胄为了使战争合理化，故意破礼，派手下人从金使手中抢过国书，再呈给宁宗皇帝。

南宋官员此举大出金使赵之杰意料，他又急又气。气未平之际，宋廷礼臣又呵斥他"躬身立"。这一个"躬"字，正犯金章宗之父完颜允恭的名讳。古人多礼，避讳十分重要。"躬""恭"同音，依礼，宋人在金人面前不应直言此字。

早在十二年前，金章宗派他当太孙时的老师完颜匡入宋为使，特意改完颜匡为完颜弼，就是为了避宋太祖赵匡胤的名以示对南宋的尊重。

至此，南宋也顾不上"礼尚往来"了，于是不顾外交礼仪，主动挑衅生事。

10. 吴曦蜀地称王败乱

开禧二年（公元1206年）五月，南宋"追论秦桧主和误国之罪，削夺王爵，改谥谬丑"。表面上看，只是对秦桧一人的追贬，其实，这是一份南宋变相的"宣战书"，彰显出宋廷要一改先前与金国的"和平"路线。

果然，宋军数道齐出，镇江都统制陈孝庆收复泗州，江州都统制许进收复新息县（今河南息县），光州当地汉人收复褒信县（今河南息县包信镇）。不久，陈孝庆又收复虹县（今安徽泗县），所有这些"胜利"，并不是金国军队多么弱，而是宋朝单方面不宣而战所取得的战果。

眼见捷报连连，韩侂胄大喜，命人草诏，以宋宁宗名义诏示天下：

天道好还，盖中国有必伸之理，人心助顺，虽匹夫无不报之仇。朕丕承万世之基，追述三朝之志。蠢兹逆虏，犹托要盟，朘生灵之资，奉溪壑之欲，此非出于得已，彼乃谓之当然。衣冠遗黎，虐视均于草莽；骨肉同姓，吞噬极于豺狼。兼别境之侵陵，重连年之水旱，流移罔恤，盗贼恣行。

边陲第谨于周防，文牒屡形于恐胁。自处大国，如临小邦，迹其不恭，如务容忍。曾故态之弗改，谓皇朝之可欺，军入塞而公肆创残，使来庭而敢为桀骜。洎行李之继遣，复慢词之见加，含垢纳污，在人情而已极。声罪致讨，属故运之将倾。兵出有名，师直为壮，况志士仁人挺身而竭节，而谋臣猛将投袂以立功。西北二百州之豪杰，怀旧而愿归；东南七十载之生灵，久蔚而思奋。闻鼓旗之电举，想怒气之焱驰。

噫！齐君复仇，上通九世，唐宗刷耻，卒报百王。矧乎国家之冤，接乎月日之近，夙宵是悼，涕泗无从。将勉辑于大勋，必允资于众力。言乎远，言乎迩，孰无忠义之心？为人子，为人臣，常念祖宗之愤。益励执干之勇，式对在天之灵，庶几中兴旧业之再光，庸示永世宏纲之犹在。布告中外，明体至怀。(《宋史全文》卷二九)

这份诏书出自南宋大名士李壁之手，理直气壮，文采飞扬。南宋国内，更是上下感奋，举国欢腾。为此，辛弃疾作《六州歌头》一词，大赞韩侂胄：

> 西湖万顷，楼观矗千门。春风路，红堆锦，翠连云。俯层轩。风月都无际，荡空蔼，开绝境，云梦泽，饶八九，不须吞。翡翠明珰，争上金堤去，勃窣媻姗。看贤王高会，飞盖入云烟。白鹭振振，鼓咽咽。　记风流远，更休作，嬉游地，等闲看。君不见，韩献子，晋将军，赵孤存。千载传忠献，两定策，纪元勋。孙又子，方谈笑，整乾坤。直使长江如带，依前是、扶赵须韩。伴皇家快乐，长在玉津边。只在南园。

不仅辛弃疾高兴，就连八十多岁的老爷子陆游也不甘人后，奋笔疾书道："中原蝗旱胡运衰，王师北伐方传诏。一闻战鼓意气生，犹能为国平燕赵。"

但是，从实际情况上讲，南宋当时出兵伐金完全是头脑一热的不理智之举。南宋精神、物质两方面准备都算充分，最关键的是军事方面严重不足。

自宋孝宗符离之溃，南宋已有四十多年没有真正打过仗，即使有辛弃疾这样青年时代上过战场的人，当时也是年过花甲的衰朽老翁。关键时刻,薛叔似、许及之、丘崈等人,都心里发虚,或辞不赴任,或称事推托,没有一个能独当一面坐镇指挥的大帅。所以,两淮重要战场,韩侂胄只能任用曾出使金国,回来力言金国可灭的邓友龙主持全面工作。四川方面,韩侂胄以大草包程松为宣抚使,但实际的军事大权掌握于阴谋家、野心家吴曦手中。

最要命的是,吴曦一直暗中与金朝联系,准备里应外合,在金国的帮助下实现割据蜀地做土皇帝的梦想。所以,南宋出兵后,被寄予厚望的吴曦竟然在四川按兵不动,金兵再无后顾之忧,可以集中优势兵力东下与宋军作战。

金军进攻和尚原时,宋将王喜也曾奋力抵抗。战至半酣,王喜忽然接到吴曦撤退的命令,宋军顿时大溃。不久,在吴曦的秘密帮助下,金兵又攻陷了兴元的险要关口。大喜之下,金章宗派人持诏书、金印,立吴曦为"蜀王"。吴曦召集幕僚开会,欺骗说东南失守,宋帝逃奔四明,自己准备"从权济事",即准备向金国投降。当时,宋臣王翼等人就厉声抗言:"如作此事,相公您忠孝八十年门户一朝扫地!"

吴曦不听,向金国献上蜀地图和吴氏谱牒,称臣于金。

南宋宣抚使程松星夜兼程逃跑,半道被吴曦信使截住,以为要杀自己,吓得尿了一裤子。不料,打开使者送来的大箱子,原来都是财宝,程松大松一口气,带上箱子又狂奔。

出了三峡之后,他西向掩泪叹道:"现在我终于保住了脑袋。"

由于四川的吴曦一直不出兵,位于主战场的宋军不久就连连败退。皇甫斌败于宿州,王大节败于蔡州,郭倬败于蕲州,李爽败于寿州,各路守军之中,只有毕再遇一军没有打败仗。这位毕再遇是岳飞帐下大将毕进之子,将门虎子,智勇双全,最为金人畏惮。

眼看邓友龙草包一个,韩侂胄只得力推丘崈代替邓友龙为两淮宣抚使。丘崈老成,审时度势,不得不放弃早先占领的泗州等地,退保盱眙。从此,宋军从先前的战略进攻,变成了战略防御。

金帅仆散揆分兵九道,大举南下。反守为攻的金兵怒气冲冲,杀气腾腾,直杀南宋境内。至此,南宋的北伐,已经变成了金国的南下。很快,光化、枣阳、信阳、随州、滁州、真州等诸多南宋城池,皆为金军攻陷,南宋上下震骇。

丘崈在保全淮南的同时,不得不与金人暗中讲和。当然,丘崈不是单方面服软的讲和,因为金帅仆散揆也暗中派人携书信想与宋军讲和。

郁闷之余,韩侂胄愁得须发皆白,整日嘘声叹气,辛弃疾和陆游也没了影声。倒是李壁(写伐金诏那位爷)有主意,劝韩侂胄窜逐一直鼓捣他出兵的苏师旦,暂抚人心。为此,韩侂胄把苏师旦外贬韶州,又把数位败兵之将流放岭南。

金军虽有讲和之意,但语气很硬,提出三大条件:"称臣、割地、献首祸之人。"

丘崈派人回复,表示用兵乃苏师旦、邓友龙等人的意思,非朝廷本意,并通知金人朝廷已经窜逐兴兵的苏、邓等人。

仆散揆不解:"如果韩侂胄无意用兵,苏师旦等人岂敢专擅!"

宋金两军使节往复数次,最后丘崈答应马上向金国交纳当年岁币并送还淮北流人,仆散揆暂时答应,从和州退屯下蔡。

为了成就宋金和议,丘崈上书朝廷,说金人一直指斥韩侂胄为首谋,如果再向金国通使,在书信中可暂时不要提及韩侂胄的官衔和名字,借此平息金人愤怒。见此奏疏,韩侂胄大怒,立刻罢免丘崈官职,让张岩接替他的职位。

宋金相持之时,四川又发生了大变。吴曦获金国封册后,于开禧三年(公元1207年)春天自称蜀王,并派人引金兵入凤州。他自己在兴州即王位,改元,置百官,大修宫殿,并派人去成都建新宫,准备日后徙居,关起门来做"皇帝"。同时,吴曦又分兵十万人,准备泛舟下嘉陵江,声言约定金人夹攻襄阳。

诸事已毕,吴曦做了一件最不利己的要命糗事,任用安丙为丞相长史,权行都省事,即伪蜀的丞相。安丙本是程松的下属，一直是大安军的知军，先前曾多次劝程松提防吴曦，皆为程松所拒。吴曦叛宋，安丙未能逃出。吴曦的心腹钱巩之做梦，梦见神人指示要安丙辅佐吴曦，马上告知。听说有神示，吴曦又不疑安丙这么一个文士能做不利自己的事情，立刻把安丙召来封官。安丙不敢拒，只得装病在家，能挨一天是一天。

当时蜀中名士，有的自杀，有的自残，有的装疯，有的弃官逃入深山，大多拒绝与叛国贼吴曦合作。

正当吴曦准备剃发、左衽，以全蜀降于金国之时，出现一个大英雄杨巨源，挽狂澜于既倒，一举扭转了整个四川的局势，使变色的四川重归南宋版图。

杨巨源只是合江仓监这样的一个小官，他暗中联络吴曦军中将领张宁等人，入见当时在家装病的安丙，劝他带头起事。安丙哭诉："目前兵将，我皆所知，不能奋起，无所托付。如灭此贼，必得豪杰相助才可！"

杨巨源抚髯高言："非先生不足以主此事，非（我）巨源不足以了此事！"

而后，杨巨源又联系兴州中军正将李好义等人，日夜谋划，终于决定起事，并推安丙为首，声称接有宋宁宗密诏，杀吴曦叛贼。大家之所以推安丙为主，是出于公义远见，否则，杀掉吴曦后，如果没有有威望的人出来镇抚，肯定是一变未平又生新变。

月明之夜，李好义先率他纠集的好汉七十四人，忽然大呼冲入吴曦伪宫。吴曦当了"王爷"后，自我感觉良好，没有想到在自家老窝的地盘上会出事，所以，伪宫并非警备森然，而是宫门洞开。

伪宫内外也有千余精兵把守，但形同虚设。李好义大叫："奉朝廷密诏，以安长史为宣抚。今我率众诛反贼，敢抗者，夷其三族！"

伪宫护卫军虽有千人之多，但没有一个人真心为叛贼卖命，听闻有诏，皆弃杖而走。这时候，杨巨源手持一纸诏书（不是真诏），骑马疾驰，自称是皇使，一直冲入伪宫内户。吴曦做梦也想不到会有这样的变故，事起仓促，卧内连刀也找不着一把，只得仓皇推门，欲乘黑逃走。刚开门，他就被军士李贵一把揪住，当脸就是一刀。

吴曦将家子，自幼习武，孔武有力，大力一扑，反把李贵压在身下。李好义骑在马上瞧得真切，忙令军士王换上去帮李贵。王换手执一柄大斧，拦腰就给吴曦一斧。剧痛之下，这个叛贼从李贵身上翻落下来，刚挣扎起身想扑向王换。这边李贵起身，猛然补上一刀，把吴曦的人头砍落在地。然后，李好义让李贵立刻持叛贼人头驰告安丙。惊天大事，竟然在几乎没有抵抗的情况下瞬息成功。

11. 韩侂胄首级换和戎

安丙见了吴曦人头才安心,立刻出门宣布。军民拜舞,声动天地。而后的事情就非常顺利了,尽收吴曦党羽,一一杀头。吴曦的老婆和两个儿子,吴曦的弟弟吴晫、堂弟吴晛、叔父吴柄以及数位亲信,全被抓起杀掉。吴曦的脑袋被送往杭州示众。

宋廷对先前的大功臣吴氏家族还是挺宽容,诏令"吴璘子孙并徙出蜀,吴玠子孙免连坐"。虽然吴曦犯了大逆之罪,看在昔日吴氏兄弟大功分儿上,没有全诛南宋国内的吴氏子弟。

吴曦被杀时,年四十六岁,而他过"王爷"瘾的日子,仅仅四十一天。金朝正式的奉册还没送到,吴曦已经被诛。

因为这齐天大功,安丙被朝廷加封为端明殿学士、四川宣抚副使。杨巨源、李好义劝安丙立刻派兵收复西和州、成州、阶州、凤州这四个要害之地,安丙同意。于是,李好义率兵收复西和州,张林收复成州,刘昌国收复阶州,张翼收复凤州,孙忠锐收复大散关,宋军所向披靡,形势大好。而后,李好义等人劝安丙乘胜攻取秦陇之地,安丙文人持重两端习气顿显,坚执不许,他见好就收,不许宋军再行出击,从而丧失了绝好的机会。

此外，安丙一直与宋将孙忠锐有隙，他派杨巨源至凤州，杀掉了孙忠锐父子，然后上报朝廷说孙忠锐"附伪"（从吴曦）。其实，要说"附伪"，安丙先前也做过，而且是"伪官"最大的一个。

不久，安丙派吴曦旧将王喜毒死了当时官为西和州中军统制的李好义。"窝里斗"是安丙最擅长的东西。吴曦乱平，本来首功是杨巨源和李好义。他上表朝廷时却把二人的名字列于最末。除掉李好义之后，他又派王喜尽逮杨巨源当时纠集进攻伪宫的数位义士，皆诬以反罪杀掉。然后，他又派人逮捕杨巨源。

杨巨源当时正在凤州的长桥与金人交战，刚刚回阵就被自己人逮捕，关入阆州监狱，随即押往大安龙尾滩。安丙指使人用刀从后面猛砍杨巨源，几乎把他脑袋全部砍掉，然后上报朝廷说杨巨源畏罪自杀。

当时，蜀地的忠义之士听说杨巨源和李好义被害消息，不禁扼腕流涕。奇功二士，最终竟为安丙暗害。宋廷对此事虽有所闻，但大乱之下，稳定要紧，当时只是另择官员暂代安丙而已。

吴曦被诛不久，金国统帅仆散揆在下蔡的军营中病死。金章宗派左丞相完颜宗浩代仆散揆之职。

当时宋廷方面，派出方信孺为使，去金营谈判。方信孺刚到濠州，金将就把他关进牢房，派军士手执利刃把他围在当中，要他答应"返俘、归币、缚送首谋、称藩、割地"等五事。虽然是一介书生，方信孺勃勃不屈。无奈，金将只得把他送往汴京。完颜宗浩见到方信孺，也施以威声恫吓，但仍然吓不住这位堂堂宋使。

不久，宋军收复大散关，完颜宗浩心虚，只得放回方信孺。方信孺还朝后，韩侂胄问金人有何索求。方信孺说金人有"五事"：一割两淮，二增岁币，三索逃亡人，四索犒师银，说到第五件，方信孺表示自己"不敢说"。

韩侂胄也恼，强行逼问。

方信孺看看韩侂胄脸色，慢慢说道："金国欲得太师您的首级。"

韩侂胄闻言，立时大怒，削去方信孺官职，下令把他贬往临江军。可见，其举措大为乖张，又不是方信孺自己与金人约定"五事"，此乃金军无理要求而已。他满腔邪火，竟然全部发泄到辛辛苦苦不畏万死出使金营的自己人身上，韩侂胄气量确实狭窄。

得知金国要自己的脑袋，韩侂胄大怒之下，即刻指示四川宋将备战，并在国内招募新兵，准备起用辛弃疾为枢密院都承旨（这是倒霉的苏师旦原先的位置，早先韩侂胄自己也担任过）。但辛弃疾刚刚接到诏旨还没上任就病逝于家，时年六十八岁。

假如辛弃疾有命上任,不仅不能力挽危局,而且不久会牵入韩侂胄一案,身后定会恶评如潮,万一连打败仗,也会连累他身后的千秋万代之名。当然,日后奸臣史弥远(此人是宋孝宗老师"投降派"史浩之子)当政,依旧对辛弃疾加以"迎合开边"之罪,追削辛弃疾爵秩。死人无知,活人也奈何不了,史弥远此举,于辛弃疾一生英名丝毫无损。

其实,此时的金军,也是精疲力竭,一切皆停留于虚声恫吓之上,再无真正大规模攻打南宋的能力,更无侵吞江南的野心。就在一年多以前,金国边境地区,铁木真已经基本统一蒙古诸部,被拥戴为"成吉思汗"。所以说,金国的丧钟已经敲响。

南宋挑来挑去,选中王伦的孙子王柟为使臣,出使金营,和金国商谈和议之事。祖父英雄,孙子未必。宋廷内部的主和派也是有病乱投医,慌不择人,只想尽快与金人达成和议。

韩侂胄一面应付着与金军讲和,一面仍在竭力筹划抗金大计。当时的礼部侍郎史弥远眼看时机大好,就秘密上奏,请诛韩侂胄以消金人之怨并换取对方退兵。

宫内的杨皇后一直深恨韩侂胄,她撺掇皇子赵询上奏宁宗皇帝,说韩侂胄"再起兵端,将不利于社稷",请示宋宁宗诛除韩侂胄。宁宗皇帝当然不答应,长久以来,他一直倚韩侂胄为臂膀，对自己有拥立之功，金人进逼之际，怎能自己先除掉太师。杨皇后见说不动皇帝，这妇人心毒胆大，便自己伪造三件御批，一授钱象祖和史弥远，一授右丞张镃（zī），一授李孝纯。三件御批中，两件未发，只有一件由杨皇后的"兄长"杨次山送达钱象祖处。

这位钱象祖从前一直巴结韩侂胄，后来两人因事不和，顿种仇怨。钱象祖此时任参知政事，就是副宰相，顿感自己有杨皇后撑腰，他就大着胆子找到中军统制夏震，要他帮忙杀韩侂胄。听闻要杀当朝太师，夏震面有难色，待钱象祖掏出杨皇后伪造的"御批"，这位军将大狼狗一样立刻悚然听命："君命难违，敢不效死！"

早晨上朝之时，韩侂胄的心腹周筠慌忙前来，警告说"有人想举事谋害太师您"。

韩侂胄大意了，他冷笑了几声，大叫"谁敢"，坦然升车，直奔皇宫。行至六部桥，忽然看见夏震率三百名军士候于道旁，厉声大喝："皇上有旨，罢去韩太师平章事，马上离城！"

韩侂胄一惊，说："皇上有旨，怎么我不知道？"

没等他多说，夏震手下的郑发、王斌把他揪出车外，押往近处的玉津园。拐入夹墙后，二人掏出铁鞭，猛击韩侂胄。这位韩太师平日为防刺客，身上常穿软甲，二位军头的铁鞭只是打痛他，不能立即置其于死地。毕竟军人力气大，郑、王两人就把韩太师踹倒在地，见韩侂胄裆部没有软甲遮护，双鞭齐下，把这位堂堂太师击阴至死。杀掉韩侂胄后，杨皇后、史弥远等人立刻罢免陈自强官职，并派人杀苏师旦于韶州。

韩太师死后三天，宁宗皇帝才知悉此事，只得顺水推舟，由着杨皇后众人行事。所以，韩侂胄被杀，是杨皇后、史弥远为主谋的一次不折不扣的宫廷政变。

韩侂胄为人粗率，有雄才，无大略，秉政十三年间，斥道学，尊岳飞，发动对金国的北伐战争，虽然用人不当，轻信贪财宵小，但始终大节无亏。元代儒生大多是程、朱门徒，门户之见很深，他们在为元朝人编纂《宋史》时，把韩侂胄列入"奸臣传"，实是一件大不平事。

几个月后，史弥远等人恢复秦桧的王爵和赠谥。此举，即可见出杨皇后一派人的奸邪面目。最终，史弥远等人完全答应金国蛮横无理的"条件"——赔款三百万两白银，增岁币为三十万，并割下韩侂胄和苏师旦二人的人头，函送金国。

史弥远等人这种大失国体的丑行，广为南宋人士诟病，太学诸生中有人作诗讽刺："自古和戎有大权，未闻函首可安边。生灵肝脑空涂地，祖父冤仇共戴天。晁错已诛终叛汉，於期未遣尚存燕。庙堂自谓万全策，却恐防边未必然。"

而后，钱象祖向完颜匡发去卑恭下辞的一封书信，表示了要拿韩侂胄脑袋换回淮南以及川陕关隘之地的意思。信中他把金宋比为一家叔侄，而把韩侂胄等人比为家中恶斗的奴婢。书上之后，金军转交金章宗，见信后金帝大喜，果然归还了川陕关隘和淮南地。钱象祖的那封"乞表"书信在《宋史》中找不到，但保留于《金史》的完颜匡传中。

韩侂胄首级送至金国，完全汉化的金国台谏官员就认为韩侂胄忠于其国，缪于保身，最终金章宗下诏封死去的韩侂胄为"忠缪侯"，将他的首级葬于其先祖韩琦墓下（因中原失陷，韩琦墓在金国辖境内，而且完好）。

从谥号方面讲，"缪"者虽不是良谥，但也通"穆"，武功未成，为"穆"。

转年，宋使周登出使金国，金章宗派人带他"参观"忠缪侯墓，周登见之非常惭愧。

当时金国的汉人刘淮作诗一首，感叹韩侂胄生前身后事："宝莲山下韩王府，郁郁沉沉深几许。主人飞头去和戎，绿户空墙叹风雨。九世卿家一朝覆，太师宜诛魏公辱。后来不悟有前车，突兀眼中观此屋。"

韩侂胄死后，南宋进入奸臣史弥远当政时期。这一时期前后长达二十五年，最终把南宋王朝送到了黄泉路边。

相比"隆兴和议"，此次"嘉定和议"的签署，南宋也吃了大亏，几乎与绍兴第二次和议的内容差不多，丧军丧银无数。本来，金国在战争后期已经精疲力竭，南宋竟然又在关键时刻服软，自取大耻。当然，这一和议还算有用，又买来两国二十多年的所谓"和平"。

这期间，兴起的大蒙古国发动了蒙金战争，在联宋灭金战略下，于公元1234年攻灭金国。此年六月，宋军进兵中原，收复汴京、洛阳，史称"端平入洛"。蒙古军南下，蒙宋战争开始。

12. 端平入洛得恶果

所谓端平入洛，是指发生在南宋理宗端平元年（公元1234年），南宋在联合蒙古灭金国后，出兵收复河南的原北宋东京开封府（今河南开封）、西京河南府（今河南洛阳）和南京应天府（今河南商丘）的一次军事行动。由于粮草不济以及缺少骑兵等原因，最终南宋军队被蒙古军队打得大败，不得不退回原来的防线。此次行动，也成为蒙宋战争全面爆发的导火索。

南宋理宗端平元年（公元1234年）的正月初十，宋蒙联军攻破蔡州，金哀宗自杀，金国正式灭亡。按照事先约定，宋军和蒙古军在灭亡金国后各自撤退。宋朝大将孟珙携带金

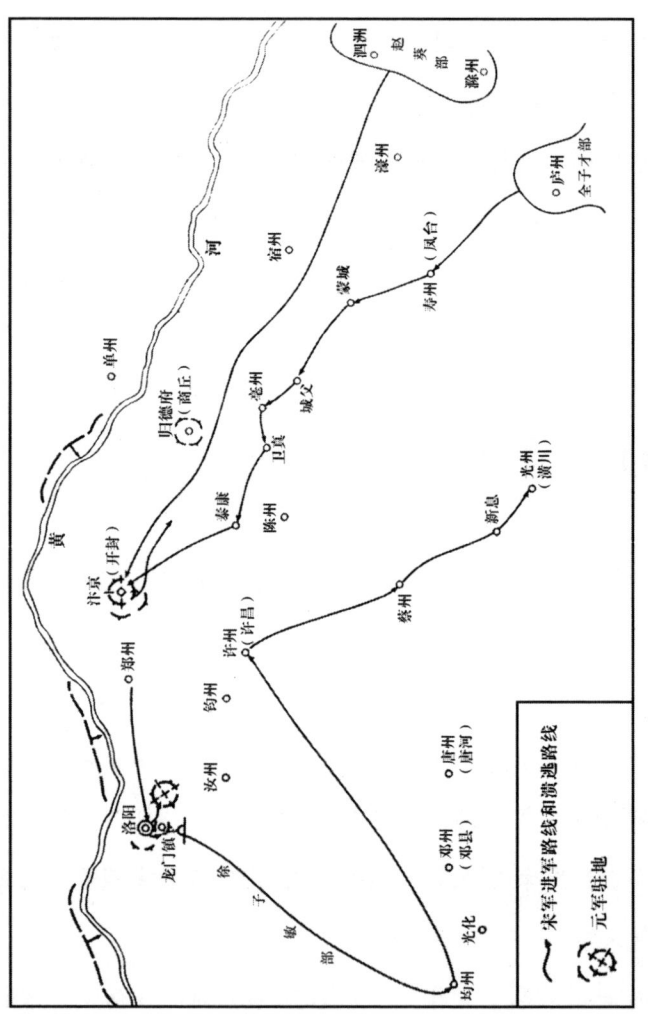

端平入洛之役示意图

哀宗的部分遗骨运回临安（今浙江杭州），送到南宋太庙展示，以告慰靖康年间给掳掠到金国老死穷荒的徽钦二帝。为此，南宋当时是举国欢腾，并且在朝中举行了一系列的庆祝活动。

作为北宋三京所在地，河南地区历来为南宋所重视，但当时宋蒙之间对河南地区的归属并未做出明确的规定。当时的蒙古大汗窝阔台考虑到蒙古军粮草不足，天气很快转热，就命令蒙古大军北撤至黄河以北，这样一来河南就成了无主地区。而蒙古军在黄河南边只留有大将速不台和塔察儿率领的两支机动部队，其余守备部队都是原先金兵投降蒙古后被改编的汉军（由金国汉人整编成的部队）：蒙古军将领刘福为河南道总管，都元帅张柔屯驻徐州。南宋就趁机把国境从荆襄一带推进到了信阳军（今河南信阳）、唐州、邓州一线，当时的主政人是京湖制置使史嵩之。而南宋川蜀一线是以赵彦呐为四川制置使，两淮一线以赵葵为淮东制置使，全子才为淮西制置使，赵范为沿江制置副使。

当然，金国灭亡之后，南宋君臣感觉不错。特别是宋理宗，趁权奸宰相史弥远新死之际，国权回至己手，终于可以深刻品味一下真正当权的美好滋味。所以，在端平元年（公元1234年），南宋已经是新人新气象，宋理宗任命大臣郑清之为宰相，准备大干一番。所以，在理宗皇帝主导下，进行了一场"端平更化",目的在于荡除先前的弊政。在新提拔的一批新人中,赵范、赵葵兄弟更是极力主张趁蒙古北撤之机,出兵北伐。确实,在此之前,金国就是靠着潼关至黄河防线与蒙古作战了二十多年,最终迫使蒙古军队不得不借道南宋以转攻金后方。赵氏兄弟的建议正合宋理宗赵昀之意,毕竟收复中原能给自己带来巨大的历史声望和荣誉。

北伐意向一对群臣公布,南宋朝中的大多数人都反对出师。特别是参知政事乔行简,当时有病休假在家,听说此事后立即上书宋理宗,发自肺腑进行劝阻:"自古英君,规恢进取,必须选将练兵,丰财足食,然后举事。今边面辽阔,出师非止一途,陛下之将,足当一面者几人?勇而能斗者几人?智而善谋者几人?非屈指得二三十辈,恐不足以备驱驰。陛下之兵,能战者几万?分道而趣京、洛者几万?留屯而守淮、襄者几万?非按籍得二三十万众,恐不足以事进取。借曰帅臣威望素著,以意气招徕,以功赏激劝,推择行伍即可为将,接纳降附即可为兵,臣实未知钱粮之所从出也。兴师十万,日费千金,千里馈粮,士有饥色。今之馈饷,累日不已,至于累月,累月不已,至于累岁,不知累几千金而后可以供其费也。"(《宋史》卷四百一十七)

先前主持灭金之战的史嵩之则认为京湖地区连年饥馑,根本无力承担这样的进攻。河南一带连年兵祸,要在当地获得补给也不现实,因为当地的百姓活着的已经没多少了。所以,他表示自己宁肯抗旨也不发兵。南宋的淮西主帅吴潜认为:"河南取之虽易,守之则难,兵戎之资,所费何巨!民穷不堪,激而为变,今日之事,岂可轻议!"包括当时的名士真德秀都认为:"移江、淮甲兵以守无用之空城,运江、淮金谷以治不耕之废壤,富庶之效未期,根本之弊立见。"

这些文武大臣之所以反对在这个时候贸然北伐,主要还是因为当时的南宋军队缺少骑兵,在中原平地的机动能力实在有限,根本无法防御漫长的黄河防线。根据朝廷主战派制定的作战计划,南宋在收复潼关和黄河以南后,至少要用十五万的精锐之师来专职进行防御,才能守住黄河防线。

刚刚把国权收归己手的宋理宗血气方刚,急于夺回河南地区。看到皇帝如此固执己见,右丞相兼枢密使郑清之也一改先前的主和姿态,表示赞成出兵中原。但南宋各地将领纷纷从实际出发表示不同意,所以南宋最终派出的军队,只有六万步卒。

端平元年(公元1234年)五月,宋理宗授赵葵担任收复三京的主帅,率宋军主力五万人,从泗州(今江苏盱眙西北)渡过淮河北上;授赵范为两淮制置使、节制军马兼沿江制置副使,由他率军屯驻光州(今河南潢川)、黄州(今湖北黄冈)一带,"以张声势";由全子才率淮西兵万余人先期北上,直取开封；以杨恢知襄阳府、京西安抚副使，代替史嵩之行京湖制置司公事，负责运送军粮；以张嗣古权知建康府兼江东安抚使，巩固先前的长江防线，接应汴京、洛阳地区军务；同时，命四川安抚制置使兼知兴元府赵彦呐临秦、巩，以牵制关内蒙古军。

由此，南宋六万大军开始挺进中原，但这些人不是一起走的。先是由全子才率一万大军为先锋，这支部队六月间从庐州（今安徽合肥）出发。正如许多人所料，曾经富饶的中原地区因为金国和蒙古之间长期战乱，到处残破不堪，基本都是废墟。六月十二日，全子才从庐州正式出发，二十一日至蒙城县（今属安徽）。二十二日，全子才军队行进到城父（今安徽亳州谯城区附近）。城父原来是个大城，在北宋时号称小东京，这时候只有十余处民居。二十四日，全子才一军到达亳州，驻城的六百余名降蒙金兵立刻降宋。接着，宋军经魏真（今河南鹿邑县东）、洛邑（今河南洛邑县西）、太康（今河南太康）三县，在七月初二抵达汴京郊外二十里扎营。

蒙古将领塔察儿早就得知宋军北进消息，他故意向宋军示弱，率领所部蒙古兵退到黄河以北，目的在于引诱宋军深入。蒙古军撤退之前，故意掘开黄河南岸金国时巩固的河堤，使得两淮地区出现大片黄泛区（当时黄河改道夺淮水由苏北入海）。所以，从寿春到汴京一带都是一片泽国，甚至有些道路的水都能漫到人的颈部。宋军这期间的进军过程非常艰辛，宋军的后勤补给线遭到严重破坏，后勤支持的运粮队得绕过两淮黄泛区才能抵达河南境内。

眼看宋军开到，先前为蒙古防守开封城的原金国降将李伯渊忽然联合手下兵将杀死蒙古军队所立的主帅崔立，向城外的宋军投降。七月初五日，全子才率宋军浩浩荡荡地进入汴京城，从形式上实现了岳飞等抗金将领一辈子都没能够实现的梦想。至此，先前宋朝沦陷百余年的旧都，终于回到了大宋怀抱。当然，如今宋朝兵将所看到的已不是《清明上河图》中那座繁华的都市。这座曾经超过百万人口的梦幻城市，如今只有居民一千多家，守军六百余人，到处都是残垣断壁，只有昔日的大相国寺和原北宋宫殿依稀保持旧日风貌。

全子才这部宋军抵达开封后，毕竟周围地区到处都是残垣断壁，白骨蔽野，宋军的后勤补给线被黄泛区阻断，南宋军队的粮食供给面临着巨大困难。全子才留下主力在原地等待粮食，而后派出小部分偏师攻郑州、陈州、蔡州等地。宋军所到之地，先前为蒙古守城的金国降将都望风归附。

七月二十日，赵葵率宋军主力淮东兵五万赶到汴京与全子才会师。大批宋军到达中原之后，才发现蒙古军队先前对中原地区的破坏远远超过了他们的想象，而从两淮而来的宋军运粮队也陷入黄泛区，移动非常缓慢。赵葵作为主帅到达汴京后，就指责全子才没有继续西进攻取洛阳。求功心切的赵葵一面派人去催军粮，一面把汴京的军粮先集中给部分兵力，命令这部分兵力携带五日军粮立刻进攻洛阳。其他留在汴京的南宋部队，等军粮运到汴京后再出发前往洛阳。

这样看似持重，其实等于把前往洛阳的军队拆分成多部，这就给蒙古军队各个击破宋军提供了契机。而且，赵葵改任他手下亲信徐敏子为前锋部队的监军，命令全子才留在汴京。南宋的前锋部队共有一万三千人。而后，赵葵还改派杨义指挥原来全子才部的淮西兵以及其他部队，让这些人作为第二梯队在得到军粮之后再前去洛阳。南宋各部军队拿到粮食之后，纷纷叫嚷军粮太少，认为携带这么少的粮食贸然前进有危险，但赵葵仍然强行命令各部军队出发。

七月二十一日，也就是赵葵到达汴京的第二天，徐敏子不得已命令前锋部队一万三千人把五日军粮分作七日来食用，即刻前往洛阳。七月二十六日晚，徐敏子派宋军前锋和州宁淮军正将张迪率两百宋军抵达洛阳。这时候，洛阳城内没有任何守军，先前金国的洛阳残余居民上千人登上城墙，热烈欢迎宋军收复西京洛阳。七月二十八日，宋军第一梯队一万三千人全部进入洛阳城。得知消息之后，赵葵大喜过望，马上把宋军收复洛阳的捷报传到临安。但是，到了七月二十九日，进入洛阳的宋军已经把粮食吃光了，而此时的洛阳城内根本无法补给宋军的军粮。不得已，南宋军队只得在城内外采集野草和面做饼充当军粮。至此，宋军陷入了进退两难的境地。

蒙古军队早先得知宋朝北伐后，虽然放弃洛阳北渡黄河，但在洛阳、孟津、潼关等大片地方留下不少机动性极强的蒙古骑兵，四处游走，不断侦察宋军动向。得知宋军前锋部队离开汴京前往洛阳之后，蒙古大将塔察儿命令军队再次渡过黄河，赶到洛阳东边的龙门地区埋伏，并准备在放过宋军第一梯队进入洛阳城后，突袭宋军第二梯队，如此，就可以把洛阳和汴京的宋军联系切断，然后再对宋军各个击破。

13. 历史经验诚可悲

七月二十九日，宋军大将杨义率领的南宋第二梯队一万五千多人，经过五六天的长途跋涉，到达了龙门地区。这时候，南宋士兵根本不知道自己已经进入了蒙古军队的伏击圈。入城之前，杨义命令部队就地休整。奔波了好多天，宋军官兵疲乏至极，刚刚坐地想要吃一口干粮，忽然之间，号声四起。蒙古军队预先配置在洛阳城东南之龙门地区的是蒙古军骁将刘亨安所部，刘亨安集中兵力专门打宋军第二梯队。南宋士兵一时间愣住，只看到山巅处蒙古军树立起黄、红两面大伞，而后喊杀声和马蹄声中，蒙古军快速逼近。

南宋士兵又疲劳又惊惧，军队立刻就乱了。此时，蒙古骑兵的伏兵纷纷从深蒿中跃起，特别是蒙古大将刘亨安横槊驰突而前，奋勇冲杀，直扑宋军。宋将杨义猝不及防，特别是那些没有任何心理准备的宋军士兵，更是吓得半死，即刻全军大溃，四散落逃。而附近地形又不利于逃避，南宋士兵纷纷涌入洛水之中，大多数溺死。少部分逃出伏击圈后，又遭到蒙古追兵打猎一样追杀，又被杀伤大半。就这样，蒙古军在龙门打了一个漂亮的伏击战。蒙古军凯旋庆功，主帅塔察儿抚摩着大将刘亨安的脊背，赞叹道："真骁将也！"当场给予他无数金银财宝，加以厚赏。刘亨安是金国先前降附蒙古军的汉人，他和哥哥刘世安一道，一直给蒙古军卖命。

龙门一战，宋军第二梯队遭到蒙古军的沉重打击。个别逃还的士兵连夜逃奔回洛阳城中，向城内的徐敏子报告杨义所部被蒙古军全歼的消息。洛阳城内的南宋士兵，闻讯夺气。

蒙古军队在取得龙门之战胜利后，很快就进至洛阳城下扎寨。宋军进入洛阳城内的军队，一无粮草，二无外援，如今完全处于被围的境地。南宋大将徐敏子召集诸将商讨进止之策，大家议来议去，似乎只有回师一途。深知当时的蒙古军主力已经逼近洛阳城东南洛水沿岸，徐敏子还算头脑清醒，他一面下令派出一部兵马袭击蒙古军前锋营寨，一面自率主力东渡洛水,然后背水而阵。蒙古军队多次对南宋军队的阵地发动小规模进攻,此时的南宋官兵由于知道陷入绝境,变得十分顽强,一直坚守不动。八月初二日黎明,蒙古军队发起大的攻势,他们以团牌为掩护,蜂拥而前,贴身肉搏,把南宋徐敏子手下宋军分割为三段。战至中午,宋军顽强抵抗,杀伤蒙古军四百余人,夺得团牌三百余只,双方打得难解难分。饶是南宋官兵英勇拼杀,但他们已经有四天没有进食了。徐敏子见到形势对宋军越来越不利,就召集诸将再议突围事宜。危急时刻,有的部将主张突围往东,但金国入宋的降将范用吉手下有个人献策说:"如果我们往东面突围,正好面对蒙古大军主力,肯定被杀得一个不剩。不如南去登封山,由钧州、许州(今河南许昌)方向逃往蔡州、息州方向,应该可以逃离虎口。"

徐敏子当时也是心神慌乱,最终采纳此策,指挥宋军向南方突围。蒙古军队觉察宋军突围行动后,立即纵兵尾随追杀,一直追奔百余里,阵斩宋将樊显、张迪等人,主将徐敏子中流箭,差点死在半路,有幸逃出的南宋军士和将领所乘战马都被射死或者摔死,人只得徒步从小路突出险地。徐敏子等三百余官兵,边逃边战,路上吃了两天桑叶、七天梨蕨,最终逃出生天。而在宋军进兵洛阳之前,徐敏子派去汴京督粮的官兵,正好在押送汴京粮草赶赴洛阳途中,半路遇到宋军杨义一部的溃卒,才知道龙门之战和洛东之战宋军大溃的噩耗,这些人吓得心惊胆战,马上撒丫子往回跑,向人在汴京的宋军主帅赵葵报告。这时候,赵葵、全子才等人深知大势已去,转天便大开汴京东门,仓皇逃走。在撤退之前,赵葵、全子才等将领也没跟属下士兵们交代清楚,几乎所有士兵都以为是去增援洛阳。结果,出城之后,他们忽然发现是率军撤退,顿时人心大乱。宋军在撤军途中完全丧失了组织纪律,后军被蒙古军队接连追杀,一再溃散,结果把这次战役的全部辎重都遗弃在了路上。四川方面,虽然枢密使郑清之一再催促宋将赵彦呐出兵,但赵彦呐一直坚持不发兵救洛。

南宋收复三京的"壮举",最终结果是寸地未得,丧师三万。

可笑的是,宋军前线入洛之师已然全线溃败,宋理宗仍沉浸在收复三京的喜悦中。八月初九日,他还下诏对这些地区进行人事安排:授赵范为京河关陕宣抚使、知开封府、东京留守;赵葵为京河制置使、知应天府、南京留守;全子才为关陕制置使、知河南府、西京留守。

仔细观察南宋这次端平入洛的失败,其实还是败在内耗上。首先,先前在联蒙灭金时,南宋能送那么多粮食给蒙古军队,而如今南宋自己的军队进军河南准备据河守关时,保卫杭州行在的两淮宋军竟然是饿着肚子一路跑进开封、洛阳。

第一章 南宋北伐

可见，南宋内部不仅在关乎国运战略的决策上存在巨大分歧，到了生死攸关的后勤支持的执行层面，也居然互相扯后腿。

其次，南宋的情报信息严重失灵。在经历过南宋绍宝四年（公元1231年）蒙古统帅拖雷借道不成对四川的烧杀劫掠之后，南宋方面竟然对蒙古军队的破坏力严重低估，竟然还有在中原地区就粮于当地的侥幸企图。但凡接触过早期蒙古军队的人就应该知道，蒙古军队对占领区的烧杀抢掠是残酷的，没有对中原地区长远的统治计划，面对气势如虹的蒙古军队，唯一的结果就是失败。

当然，史书中记载了不少南宋大臣反对宋理宗这次北伐中原，最后的结局似乎恰恰应验了这些人的预言。但是，如果从历史的、战略的、全局的眼光看问题，其实端平入洛的这个险还是值得一冒的。如果宋军当时有效指挥，应该也能有序抵抗蒙古军的追击，最终保全力量撤退。最遗憾的就是，南宋有魄力去冒险一搏，最终竟然没有魄力去全力一拼，这些两淮入洛的百战精锐，到了最后连有序撤退都做不到，白白浪费了这么多的生力军。南宋覆亡的命运，在端平入洛失败的那一刻就已经注定。

孤军深入中原地区的宋军，必须确保粮草能够供应得上。观察整个失败过程，在洛阳的宋军被蒙古大败的一个重要原因，就是粮草补给完全跟不上。士兵们如果饿着肚子，就不可能有持久的战斗力。如果宋军与运粮队同时缓缓前行，就可以在中原大地上慢慢积攒与蒙古军抗衡的资本。即使当时进军的速度慢一些，也不至于造成孤军深入、最后被切断运粮路径的后果。南宋军队在不到两个月里就完成从庐州到洛阳这种急行军，在形式上收复了三京，恰恰是这种收复三京的情怀式动机，最终起到了消极的作用。收复故都的喜悦，来自皇帝那里的嘉奖，显然加快了宋军前行的步伐。从另外一个方面看，蒙古军早在一月份就从这里撤退了，至此已有半年之久。南宋军队倒霉的不仅在于急进军，还在于没有早进兵。如果朝廷内部收复派与保守派及早作决定收复中原，而不是持续几个月激烈争论，也就不会贻误宋军收复中原的最佳时机。如果当蒙古军北撤后南宋朝廷第一时间派出军队北上，而后以缓慢行军的方式步步为营，到了七月之时，即使不能马上进入洛阳，也至少能在中原地区拓展出一大片稳固的根据地，而不仅仅是得到一大片荒芜土地和残垣断壁的城市。

端平入洛弄巧成拙，真所谓"偷鸡不成蚀把米"。南宋折损了数万精锐不说，更重要的是使蒙古军找到了和南宋开战的理由。

宋军撤出洛阳之后，仓皇从中原地区败退。而后，蒙古军在四川大举进攻，一度攻陷五十四个州郡，杀掠甚巨。南宋坐镇襄阳的赵范指挥不力，蒙古军势如破竹，克襄阳，下九郡，已经饮马长江边。关键时刻，幸亏名将孟珙出马，连连击退蒙古军进攻，最终才使京湖战场转危为安。

大致上讲，南宋端平入洛完全是短命的、虚假的胜利，为时仅仅两个月，可谓昙花一现。此战不仅没有捞到任何好处，还损失数十万军民，物质方面的损失更不可计数。同时，南宋在心理上也输给了蒙古，双方皆大体摸清了对方的虚实。自此开始，蒙宋开始处于战争状态。值得庆幸的是，当时窝阔台正亲自率兵西征欧洲，他的注意力还没有转向南宋。所以，自南宋嘉熙二年（公元1238年）庐州之战蒙古攻城失利后，蒙古方面数年内没有再发动大的进攻，南宋君臣暂时得到了喘息机会，"安享"了暴风雨来临前难得的平静期。

趁着亲政之始的机会，宋理宗还小有振作，罢黜史弥远党徒，清整吏制，纠理台谏，理财顺政，即所谓的"端平更化"。当然，这场小打小闹的改革治标不治本，而宋理宗本人最大的兴趣很快转向意识形态方面，即把程朱理学当作国家哲学加以崇奉，并下诏在各地学宫以周敦颐、程颢、程颐、张载、朱熹五人从祀孔子，提高《大学》《论语》《孟子》《中庸》四书的地位，发扬光大朱熹的道学理论，并追赐朱熹为太师，封为国公。召见朱熹儿子朱在时，宋理宗对朱熹的四经注释大为感慨，说："朕读之不释手，恨不与之同时。"

朱熹死前没想到他日后会有这荣耀的一天。在崇奉道学的同时，宋理宗大批特批王安石，特别抨击王安石的"三不足"之说（天命不足畏，祖宗不足法，人言不足恤），认定王安石是"万世罪人"。不顾眼前亡国在即、大敌当前的残酷事实，宋理宗君臣三十年间高喊"正心诚意、克己复礼"，可谓迂腐至极。

第二章

临安陷落

第二章　临安陷落

1. 奸臣蔽主误朝

贾似道是宋理宗妃贾贵妃的弟弟，宋度宗得立的"恩公"，是南宋亡国的祸首之一。正是他把持朝政，扣押元使，隐瞒败报，才使得南宋的国势一日不如一日，终于走到亡国的尽头。

电影《李慧娘》中有这样一个场景：貌美的女主人公看见玉人一样的书生娇赞了一声"美哉呀少年"，就被"大白脸"（贾似道）把脑袋切下，装在一个托盘里给众人"观赏"，以示"警诫"。贾似道杀美人割脑袋之事，最早见于小说体的宋元笔记《钱塘遗事》，原文很短：

> 贾相居西湖，尝倚楼望湖，诸姬皆从。适二人道装羽扇，乘小舟由湖登岸。一姬曰："美哉二少年！"似道曰："尔愿事之，当令纳聘。"姬笑而无言。逾时，令持一盆，唤诸姬至前曰："适为某姬纳聘。"启视之，则姬之头也。诸姬皆战栗。

原文只有八十三个字。到了明朝万历年间,剧作家周朝俊有《红梅记》一剧,其中有一个女主角名李慧娘,为贾似道相府侍妾,游湖时春心荡漾,看中才子裴禹,心生情愫……此时,八十三个字的"小说笔记",已被衍化成有名有姓、有男女主人公、有细致情节的戏文,特别是李慧娘那几句"道情",现在听上去那么大胆、露骨、"反封建":"俺和他欢会在西廊下,行了些云雨,勾了些风华!"

到了清代,又有无名氏撰写《鬼神传》,书中第十二回已经详详细细勾勒出完整的故事,也是京剧《李慧娘》的最终内容。《鬼神传》第十三回中,详细地描述了李慧娘被杀后到阎王前诉冤,最后为鬼为魂,救了穷书生,杀了贾平章,报仇雪恨。当然,新时代的京剧中删节不少,只突出了李慧娘这位"被压迫妇女的复仇精神和反抗性格"。

戏剧、小说毕竟是虚构,李慧娘真那么刚烈也不会到相府去做妾。真实的贾似道,既不是丑恶的"大白脸",也并非被李慧娘率阎罗殿小鬼勾魂致死。

历史上的贾似道,仪表堂堂,长身玉立,相貌酷似北宋名臣韩琦。他最后的下场,是被押送官郑虎臣虐杀于流放途中,非死于美女之手。

谈贾似道,要从宋理宗说起。宋理宗本人,是个好色喜佞的昏庸之君。他即位后,虽然立前宰相谢深甫的孙女谢道

宋理宗赵昀画像

清为皇后,真正的"心头肉"却是贾妃。由此,贾妃的弟弟(异母弟)贾似道当然也少年"得志",平步青云,得为京湖制置使,成为方面大员,独当一面。这位贾妃本人命薄,受宠没几年就病死。继任的阎贵妃知冷知热知软知硬,继贾妃后成为宋理宗的殊宠。

南宋理宗皇帝末期，特别宠信奸臣丁大全和太监董宋臣，二人表里相通，把朝政搞得一塌糊涂。鬼貌蓝色的丁大全别看长相不好，但能把大小太监哄得开心，狗仗狗势之余，竟然敢率兵逐出当朝宰相董槐，一时间道路以目，深为正人君子所鄙。

蒙古军大举入侵，丁大全、董宋臣二人隐匿不报，南宋各地败报频传。国危势倾之际，台谏官上书理宗皇帝，告知蒙古军已经大军深入，并言丁大全"绝言路，坏人才，竭民力，误边防"，宋理宗不得已，把丁大全外贬到贵州为团练使。丁大全在当地贼心不死，私造弓矢，与蛮部图谋不轨，后为人告发，宋廷下诏将他远贬海南。过藤州时，丁大全终被押送官故意挤入水中淹死。

至于太监董宋臣，得知蒙古兵迫近的消息，他慌忙建议宋理宗外逃。当时任签判的文天祥上疏，请斩董宋臣，但理宗皇帝仍回护他。京官秘书少监汤汉上疏，说董太监"十余年来声焰熏灼，去台谏，排大臣，至结凶渠以至大祸，中外惶惑切齿"，力请逮捕董宋臣下狱。理宗皇帝不允。不久，董宋臣惊吓病死，宋理宗还追赠其为节度使。

自宋理宗宝祐四年（公元1256年）始，蒙哥大汗留弟弟阿里不哥居守和林，自率大军南下，自西蜀向南宋进攻。蒙哥汗自将出军前，命忽必烈（蒙哥汗之弟）、张柔等人攻鄂

第二章 临安陷落

州，兵锋指向杭州；命塔察儿攻荆山；又命兀良合台自交州、广州引军与忽必烈会师鄂州；命李全之子李璮攻海州。蒙哥大汗本人统四万精兵，号称十万，分三道直杀蜀地。一路之上，元军攻城陷地，渡嘉陵江至白水，杀宋将张实；克长宁山，降清居、石泉、龙州等城；又克隆州、雅州、阆州。公元1257年初，蒙哥汗一军攻陷利州、隆庆、顺庆等郡，势如破竹。到了八月间，元军围攻合州钓鱼城，在此遇到了宋军前所未有的顽强抵抗。

这里，先要交代一下铁木真死后大蒙古国继承人情况以及合州钓鱼城的由来。蒙古汗位，自铁木真于宋理宗宝庆三年（公元1227年）八月暴死于六盘山后，暂时由其第四子拖雷"监国"（代理大汗）。铁木真共六个儿子，分别是长子术赤（早死），二子察合台，三子窝阔台，四子拖雷，五子兀鲁赤，六子阔列坚。拖了两年，窝阔台才继承蒙古汗位。窝阔台得立，主要归功于大臣耶律楚材，正是他力劝"监国"拖雷以（铁木真）遗诏召诸王，在和林奉窝阔台为大汗。窝阔台在位十三年，公元1241年去世，庙号"太宗"。

窝阔台死前，本想立自己四儿子阔出的儿子失烈门为汗（阔出本人这时候已经战死），但窝阔台的老婆乃马真不听耶律楚材劝谏，不遵遗诏，自己临朝称制。为此，被削去实权的耶律楚材没过几年就忧愤而卒。乃马真皇后称制掌权，宠信佞臣奥都剌合蛮。这位半老徐娘竟然把盖有玉玺的空白制诏一大堆交给这个能敛财的相好,内容任他填,一时之间朝政大坏。公元1246年秋,在蒙古诸王推拥下,乃马真皇后(又号"六皇后")不得不把自己与窝阔台所生的长子贵由立为大汗,但实际的朝权仍把持在乃马真氏之手。贵由才立一年多即病死,庙号"定宗"。

之后的三年,蒙古汗位竟然一直空置。当时,贵由的皇后斡兀立海迷失怀抱窝阔台第四子阔出的儿子失烈门临朝听政,由于厌倦了"太后临朝",诸王、大臣多不服。公元1251年,在大将兀良合台与宗室木哥等人的推立下,蒙古王公把拖雷的儿子蒙哥拥为大汗,并追封先前死去的拖雷为帝,庙号"睿宗"。

这位蒙哥汗很有魄力,他一方面培植自己的势力,以其弟忽必烈总治漠南事宜;一方面诛杀不服诸王,连定宗皇后和失烈门之母也加以"厌禳"之罪赐死,清除后患。率军猛攻南宋蜀川之地的蒙古大汗,正是这位"刚明雄毅"的蒙哥汗(庙号"宪宗")。

南宋合州的钓鱼城之所以有一夫当关,万夫莫开之称,部分要归功于南宋大将余玠。公元1143年,即宋理宗淳祐三年,余玠以兵部侍郎的身份任四川制置使。宋理宗召见余玠,能文能武的余玠奏对得体,理宗皇帝表示:"卿人物议论,皆不寻常,可独当一面。"立授四川宣谕使,后加制置使,并知重庆府。余玠入蜀后,理钱财,复号令,礼贤明,并得到冉琎、冉璞兄弟相助。二人向余玠建议把合州城守徙至钓鱼山,二冉兄弟认为:"若任得其人,积粟以守之,胜于十万师矣!"余玠大喜,言听计从,在钓鱼山附近依山据险,起筑钓鱼、青居、大获、云顶、天生等十多个城堡,屯兵聚粮,为必守之计。

余玠时时主动出击,以攻为守,把四川经营得有条有理。官治方面,利州都统王夔残悍跋扈,为免于日后再出一个"吴曦",余玠还设计斩杀了这个外号"王夜叉"的悍将,清除了蜀地的后患。余玠在四川雷厉风行,自然得罪了不少既得利益者。戎州统制姚世安与当朝宰相谢方叔的子侄辈一直往来交结,诸人于京城广播谣言。谢方叔本人也在皇帝面前斥诉余玠有"专制一方"之心。犹疑之下,宋理宗召余玠还朝,以原知鄂州的余晦去取代他的位置。

余玠本人闻诏,疑惧不安,竟然服毒自杀了,蜀地老百姓得知消息,都感到悲痛和惋惜。

原先的鄂州知州余晦到任后,大力清除余玠心腹,逮捕利州西路安抚王惟忠,诬以通敌罪名斩杀。不久,宋廷追削余玠官秩,使得这位忠臣死后还被算账。南宋如此自毁长城,可谓祸不远矣。但是,余玠在四川一带十年的经营,却牢牢巩固了南宋在蜀地的军事防御。所以，蒙哥汗攻至合州钓鱼城，就遇到了一大块难啃的骨头。

钓鱼城位于今天的重庆合川区以东十里地外的钓鱼山。此城（山寨）三面环水，正处涪江、渠江、嘉陵江交汇处，坡角近九十度，城周十余里，石墙高耸，易守难攻。不仅钓鱼城内储粮甚多，城内又有水井近百眼，绝对无缺水之虞。所以，钓鱼城下瞰重庆，上控三江，实为四川最重要的战略堡垒。公元1254年，南宋坚守合州的守将王坚进一步完善了城筑。当时，四川边地许多老百姓也避兵乱至此，钓鱼城更成为南宋方面兵精粮足的坚固堡垒。宋朝兵将还在江边筑设水师码头，水面遍布战船，上可控三江，下可屏蔽重庆，钓鱼城成为支撑四川战局的防御要塞，地势十分险要。

正式开战之前，蒙哥大汗派降将晋国宝入钓鱼城招降，被王坚所杀。

2. 钓鱼城之战

蒙哥汗九年（公元1259年）正月，蒙哥大汗自恃兵强马壮，决心攻下钓鱼城。当时，蒙哥大汗的手下大臣术速忽里建议避开坚城，迂回夔州、万东下，但被大汗拒绝。他无视天候、地理的不利条件，派遣蒙古宗室莫哥都攻礼义山城

第二章 临安陷落

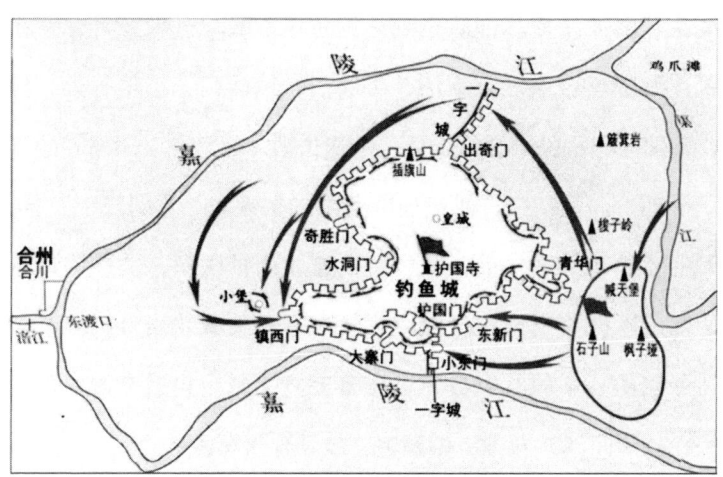

钓鱼城攻防示意图

（今四川省达州市渠县汇西乡洪溪村），命曳剌秃鲁雄攻平梁山城（今四川巴中西），命南宋降将杨大渊率军突袭合州旧城，同时切断外围诸城与钓鱼城的联系。在几路攻城的同时，蒙哥大汗还下令四川都元帅纽璘自成都趋涪州蔺市（今重庆市涪陵区西）建造浮桥，以此断绝南宋援军。蒙古军又在铜锣峡据险为垒，阻遏重庆方面的南宋军队北进。

公元 1259 年二月初二，蒙哥大汗率军渡过鸡爪滩（今钓鱼城东北鸡心石），驻扎在城东石子山。二月初三，蒙哥大汗亲督诸军攻钓鱼城。初七日，蒙古军攻克钓鱼城下的一字城墙。初九日，蒙古军猛攻镇西门，不克。这一天，蒙古东道军主帅史天泽率其部队也到达钓鱼城参战。进入三月，蒙古军连续进攻城东之东新门、奇胜门、镇西门、小堡等处，但在宋朝守城军民顽强抗击下，均遭失败。

到了四月初三，忽然连降大雨二十天。一直到二十二日，天气才放晴，这一天，蒙古军偷袭城南护国门，被严阵以待的南宋军队打退。次日深夜，蒙古军攻破城北出奇门至嘉陵江一侧的一字城，但被南宋守将王坚率勇士力战夺回。宋理宗在杭州闻讯，即刻下诏嘉奖，鼓励合州军民。

钓鱼城久攻不下，蒙哥大汗命诸将"议进取之计"。当时，大臣术速忽里还是认为，如此长久地顿兵坚城之下对蒙古军太不利了，劝蒙哥大汗留少量军队在钓鱼城下牵制宋军，而后以主力沿长江水陆东下，与蒙哥大汗的弟弟忽必烈等部人马会师，先一举灭掉南宋之后，再掉转头来攻克钓鱼城。但是，不仅蒙哥大汗不同意，那些骄横自负的蒙古众将领也都认为术速忽里太迂腐懦弱，都主张强攻坚城，把钓鱼城拿下，以消除后顾之忧。

所以，蒙哥大汗一直没有采纳术速忽里的建议，决意继续留在钓鱼城下攻城。到了五月，蒙古军屡攻钓鱼城，依旧不克。蒙哥大汗率军入蜀以来，所经沿途各山城寨堡，多因南宋守将投降而轻易得手，其实蒙古军尚未碰上一场真正的硬仗。因此，到达钓鱼山城之后，蒙哥大汗想乘势攻拔其城。

第二章 临安陷落

尽管蒙古军的攻城器具十分精备，但是宋军所守卫的钓鱼城地势过于险峻，致使所有的攻城器械都不能发挥作用。

南宋钓鱼城守军在主将王坚及副将张珏的协力指挥下，击退了蒙古军一次又一次猛烈的进攻。蒙古军千户董文蔚奉蒙哥汗之命，率所部邓州汉兵死命攻城。作为主将，这个董文蔚亲自挟云梯，冒飞石，激励将士，攀越崎岖道路登山而战，率领手下与宋军苦战，但最终伤亡惨重，被迫退军。而后，他的侄子董士元请代叔父董文蔚攻城，率所部汉兵锐卒登城，与守城宋军力战良久，也因后援不继，最后被迫撤还。

进入六月，蒙古骁将汪德臣（这个人原为金国臣属）率兵乘夜攻上外城马军寨，王坚率兵拒战。天将亮时，忽然下起雨来，蒙古军攻城云梯又被折断，最终被迫撤退。

七月间，南宋的四川制置副使吕文德率水军猛攻蒙古军架设的浮桥，血战后冲破蒙古军防线得入重庆，率领千余艘艨艟舟，溯嘉陵江而上赶往钓鱼城去支援，途中却遭遇蒙古汉将史天泽。蒙古军分军为两翼，顺流纵击，吕文德所率水军不能抗，被打得大败而走。

蒙古军攻城五个多月而不能下。蒙古大将汪德臣心急如焚。一天，他单骑赶到钓鱼城下，仰头对城头大呼道："王坚，我来活汝一城性命，应该早降！"此时，城内轰然一炮，这不是火药炮，而是抛石机的炮，居高临下扔下来大石头，落地碎裂的一块飞石,正好击中汪德臣头部,汪德臣即刻落地,伤重不起。不久,汪德臣因重伤不治,死于缙云山寺庙中,时年三十七岁。

乍看汪德臣的名字,好多人都认为他是降附蒙古军的汉人,其实,他是蒙古汪古部人,他的父亲汪世显原本是金国将领,后来投降蒙古军。当时,汪德臣才十三岁,被蒙古王子阔端(蒙古帝国大汗窝阔台次子)赏识,一直奔走麾下。汪德臣十七岁时回到巩昌驻地,后来跟随其父与蒙古大军一起出征四川,在战场上充分显示了他的勇武和才干。公元1243年,汪世显病故,汪德臣虽是汪世显次子,但他在兄弟七人之中以文武才略出众,所以蒙古王子阔端命令他承袭父爵,佩虎符,时年二十一岁。蒙哥大汗继位之后,汪德臣屡立战功,深得大汗信任和欣赏。进攻钓鱼城之前,蒙哥大汗见嘉陵江与白水江交汇处水流湍急,担心蒙古大军难以渡过,汪德臣却说可以修桥。于是,他调集周围军民,数日之内就在白水江架浮桥一座。蒙哥大汗亲到桥头视察,大为惊叹,说:"汪总帅言不虚发!"即刻命令赐汪德臣白金三十斤,命刻石记功于江滨。所以,当得知汪德臣死亡的消息时,蒙哥大汗非常伤感。

虽然被围攻达数月之久,钓鱼城依然物资充裕,南宋守军斗志高昂。一日,南宋守军将鲜鱼两尾及面饼百余张抛给城外蒙古军,并投书蒙古军,称即使再守十年,蒙古军也无法攻下钓鱼城。

此时的四川,暑气蒸腾,时雨时晴,本来蒙古军最怕热,又赶上军营瘟疫蔓延,即使不开战,每天也有数十上百的人员死亡,战斗力愈来愈弱。急怒之下,蒙哥汗自骑骏马,立于城下督战。进攻之中,钓鱼城上的宋军滚石放箭,不时扔下几个"震天雷",又在城下新添了一层蒙古军尸首。

忽然,宋军从城上抛飞而下的一块巨石在蒙哥汗所在的观察台附近碰碎爆裂,几块碎石瞬间嵌入蒙哥汗体内。即使身着黄金甲,也抵抗不住石块锐利的锋棱,蒙哥汗大叫一声,摔于马下。蒙古诸将疾驰会集,把蒙哥汗抬回营帐。由于创口过大,时值溽暑,感染很快,蒙哥汗没挺多久就死去,时年五十二岁。

大汗暴死,蒙古军秘不发丧,只得从钓鱼城下撤围。当然,蒙古人一直对蒙哥汗之死讳莫如深,日后对外宣称他是病死。王坚之功,真是功大如天,竟然能把一个蒙古大汗打死。

蒙哥大汗在钓鱼城下的败亡,影响非常大。

首先,它导致了当时蒙古灭宋战争的全面瓦解,使得宋朝国祚又得以延续二十年之久。蒙哥大汗暴死,进攻四川的蒙古军被迫北撤。而在当时,蒙哥大汗的弟弟忽必烈已经率蒙古东路军突破长江天险，包围了鄂州。蒙哥汗死后，忽必烈为与弟弟阿里不哥争夺汗位，不得不撤军北返。而蒙哥汗派出的从云南经广西北上的兀良合台一军，本来一路克捷，已经进至潭州（今湖南长沙）城下，这时也在忽必烈派来的一支部队的接应下，渡过长江北返。本来蒙古的南北两支军队基本上是按预定计划进军的，恰恰是因为西边主攻战场的失败，最终都功亏一篑。

第二，蒙哥大汗之死使蒙古军的第三次西征行动停滞下来，缓解了蒙古势力对欧洲、中西亚、非洲等地的威胁。公元1252年，蒙哥汗派遣其弟旭烈兀发动了第三次西征，先后攻占今伊朗、伊拉克、叙利亚等大片土地。正当旭烈兀准备率领蒙古大军向埃及进军时，获悉蒙哥汗死讯，他慌忙留下少量军队继续征战，自率大军东还。结果，蒙古军因寡不敌众而被埃及军队打败。自此，蒙古军始终未能打进非洲。从那时候开始，蒙古军世界性的大规模扩张行动开始走向低潮。可见，钓鱼城之战的影响已远远超越了中国历史的范围，它在世界史上也占有重要一页。

第三，它为日后忽必烈执掌蒙古政权提供了契机，由此对中国历史的发展产生了重大影响。蒙哥大汗上位之后所施行的，仍然是传统的蒙古本位主义政策，带有浓厚的蒙古部族色彩，其实与统治当时广大的中原汉地极不适应。而忽必烈则是蒙古统治集团中少有的倾慕汉文化之士。蒙哥即汗位后，忽必烈曾经受任掌理漠南汉地，他大力延揽汉族儒士，极力推行汉化政策，却一度引起蒙哥汗及其保守臣僚的疑忌。而当蒙哥汗暴死后，忽必烈得以登上大汗宝座，继续推行原先的汉化政策，从而使得中国南部的经济和文化免遭更大的破坏。

蒙哥汗之死，一时清除了蒙古三次西征的巨大威胁，欧亚非三块大陆诸多君王终于能擦把冷汗喘口气。至此，蒙古人对外扩张的热潮终于冷却，后继统治者转而把目光停留在广袤的汉人大地。

钓鱼城之战的胜利，扭转了当时蒙宋之间的战争局势。此后，马千代替王坚为合州主将，景定四年（公元1263年），原先的钓鱼城副将张珏又代马千做主帅。而后，张珏坚守合州，屡败蒙古军。德祐元年（公元1275年），南宋将领王立又代张珏为合州安抚使。祥兴二年（公元1279年）正月，王立不得已降元，坚守三十余年的钓鱼城终于失陷。

蒙哥汗临死之前曾留下遗言说，日后攻下钓鱼城，必须全部屠杀城中之民。而公元1279年，南宋守将王立开城降元时，是以不杀城中一人为条件，自愿向元军放下武器，终止抵抗的。

忽必烈接替蒙哥成为新的蒙古大汗后，他充分吸取了蒙

王坚记功碑

哥的教训,在宋蒙(元)战争迈入第三个阶段后,将进攻的重点放到了荆襄战场,从中部击破宋军。历史证明,忽必烈的战略转向是正确的。南宋王朝就这样在元军的步步紧逼下,在二十年后(公元 1279 年)的厓山海战中彻底覆灭。当时仍坚守在川蜀地区的钓鱼城军民,在获知这一噩耗且元军方面发誓不会屠城的前提下,主帅王立选择了开城投降。从筑城之日起到南宋灭亡的这三十六年间,钓鱼城这座伟大的堡垒在抵抗蒙古进攻过程中坚持到了最后一刻。

当然，完成了历史使命的钓鱼城也迎来了它的厄运。由于钓鱼城在此前留给了蒙古军太多的阴影，所以当元王朝和平接收钓鱼城后，马上下令拆毁了这座坚城。一直到清朝，当地官府为了抵御白莲教进攻才部分重筑此城。我们今天看到的钓鱼城遗址，是在新中国成立后依照古城废弃的遗址重建而成的，规模其实比起南宋时期要小得多。

由于蒙哥大汗的暴死迫使蒙古军北还，合州围解，南宋朝廷大封功臣，封王坚为宁远军节度使，依前左领军卫上将军、兴元府驻扎御前诸军都统制兼知合州（三品），节制兵马，进封清水县开国伯。景定元年（公元1260年），贾似道忌王坚战功，把他召回京城临安。景定五年（公元1264年），王坚去世，获谥"忠壮"。合州军民闻坚卒，立庙祀之，并建碑记其功。

3. 子虚乌有的胜利

蒙哥汗在钓鱼城下被巨石击死，身在江南的忽必烈并不知道，他正率诸路军大举进攻南宋。

忽必烈手下的汉人学士郝经对蒙古人忠心耿耿，劝告忽必烈说："国家奋起朔漠，灭金源（金国），并西夏，取荆襄，克成都,平大理,蹦跻诸夷,奄征四海,垂五十年,遗黎残姓,游气惊魂,虔刘劓荡,殆欲歼尽,自古用兵,未有若是之久且多也……诸国既平之后,(应)创法立制,敷布条纲,任将相,选贤能,平赋足用,屯农足食,内治既举,外御亦备。"(《续资治通鉴》卷一七五)

郝经是那种自以为是、死心塌地投附蒙古军的汉人,他上述一席话,全然是把凶残的蒙古军当成真命之主,为他们出谋划策,建议以"柔仁"治汉地,并建议忽必烈分蒙古军为数道,分行而进。

忽必烈很听劝,会兵渡淮水后,他自己率军趋大胜关(今河南罗山),派张柔率军趋虎头关(今湖北麻城),数路追击遁逃的南宋军队。

公元1259年十月间,身在行伍的忽必烈才接到哥哥蒙哥汗的死讯,宗室莫哥都派人送信劝他马上北还"以系人望",实际是催他赶紧回去争夺汗位。心中焦急如燎,忽必烈依旧迟疑:"我奉命南来,岂可无功遽还?"他很想打赢一场大仗后,再乘胜得势挟大军北还夺汗位。

忽必烈手下汉人心腹董文炳知道主子心焦,表示:"长江天险,宋人恃之,势必死守,待臣为您一战,以夺其气!"于是,董文炳与其弟董文用、董文忠三人,率死士百余人乘轻舟,并不理会南宋扼江的巨大战船,直冲上对岸,杀向南宋陆军,果然把宋军打得大败,当时岸上有宋军八万,被这百余名蒙古军一冲,竟然一下子惊慌溃乱,被跟进的蒙古军当成试刀的肉靶。转天,忽必烈率军渡江,进转鄂州(今湖北武汉市武昌区)。

南宋朝廷得知败讯之后震惊。无奈,宋理宗下诏任贾似道为右丞相兼枢密使,率军驻汉阳以援鄂州。

惊惶之下,南宋有病乱投医,四处招募新兵,在平江、绍兴、庆元增筑堡垒,加强临安左右的防御。当时太监董宋臣腰软胆小,劝宋理宗逃往四明以避兵锋,幸亏被大臣劝阻:"陛下銮舆一动,则三边之将士瓦解,而四方之盗贼蜂起,绝对不能跑!"

这年年底,蒙古军围鄂州几十天,攻城无望,胶着之时,鄂州守城的南宋都统张胜上城,哄骗蒙古军说:"此城已是你们掌中之物,但子女玉帛皆在将台(汉阳),你们应该往那里去取。"

蒙古军信以为真,焚烧城外民居,将要退兵。不料,恰值宋将高达率军赴援,贾似道又自汉阳亲率军队入鄂州,蒙古军重新开始进攻。

忽必烈久攻不下,派遣蒙古军将领苦彻拔都儿率一支军队以及数百南宋降军抵至城下喊降。守城的宋将张胜武将气勇,大开城门,一箭把喊降的南宋降将射死,率数百宋军冲出与蒙古军交战。可惜的是，这位张将军运气不好，混乱中战死，出城宋军大部分阵亡。至此，鄂州守战，南宋军已经有一万多人战死。

由于守城宋军人数众多，鄂州城坚墙厚，宋将高达指挥得当，蒙古军一时间也攻克不了此城。

宋将高达虽是勇猛武将，情商却不高，总拿身为使相的贾似道不当回事，每次出兵，望见贾似道骑马督战，他都笑着对手下人讲："巍巾者（高帽文官）何能为者！"而且，只要是宋军出城血战，他一定要贾似道本人出门劳军乃可，否则就派大批兵士齐集军门喧哗起哄。

与高达相比，宋将吕文德很懂人情世故，常常控马而出，呵斥军卒："宣抚在此，怎敢如此无礼！"然后他又会面见贾似道寒暄。

守城几位主将中，曹世雄、向士璧二人木讷，凡事从不向贾似道请示，所以，贾丞相暗恨高达和曹、向三人，与吕文德关系最为友善。由于当时南宋诸路重兵全部在鄂州一带集结，宰执吴潜在御史饶应子建议下，以理宗皇帝名义要贾似道本人转至黄州（今湖北黄冈）指挥军事。黄州虽处下游，实当兵冲。估计吴潜等人想置贾似道于死地。此时的贾似道没办法，只得让宋将孙虎臣率精骑七百人护送自己前往黄州。

宋军行至蘋草坪，侦察兵慌忙来报，说前面有一大股蒙古军，贾似道大惧，连呼"奈何"。孙虎臣把贾似道藏起来，自己率兵出战。贾似道哀叹："此次死定了，可惜没死得光明磊落、轰轰烈烈！"结果，宋兵迎前，发现所谓的"蒙古军"其实是一大群被掳的南宋百姓，为首骑牛的"蒙将"正是南宋的江西降将储再兴，此人身边仅有数十个手拿兵器的老弱蒙古兵。见此，孙虎臣拍马而进，活捉了储再兴，杀掉了押送百姓的蒙古兵，拥贾似道入黄州。

史书对这段事情的记载，因断句问题出现了歧义："至蘋草坪，候骑言前有北兵，似道大惧，谓左右曰：'奈何？'虎臣匿似道出战（此处也可断句为'虎臣匿，似道出战'）。似道叹曰：'死矣！惜不光明俊伟尔。'及北兵至，乃老弱部所掠金帛子女而还者，江西降将储再兴骑牛先之。虎臣出擒再兴（此处也可断句为'虎臣出，擒再兴'，即孙虎臣看见对方势弱，才从藏身地冲出），似道遂入黄州。"（《续资治通鉴》卷一七五）

无论如何，贾似道表现还不错，抱有必死之心，并非十足的尿包软蛋。

此时，蒙古军一支由兀良合台率领的近两万士兵的部队攻破横山防线，连克贵州、象州，又下辰州、沅州，直抵潭州城下。

就在蒙宋双方胶着间，忽必烈的老婆派人送密信，表示和林的蒙古王公正准备拥立阿里不哥（忽必烈之弟），让他立即北还。

犹豫之间，忽必烈向郝经问计。郝经劝说道："如果阿里不哥称遗诏即位，大王您即使手握重兵也不能成事，金朝完颜亮即是前车之鉴。待阿里不哥正位后，下诏中原，行敕江上，天下正统所归，派一介使臣即可到大营卸掉大王您手中军权。方今之计，大王应以社稷为念，与宋议和，定疆界岁币，同时您自率轻骑，立刻趋燕都，先取得汗位再说。"

人算不如天算。忽必烈大营诸人正如热锅上的蚂蚁急得乱窜，贾似道方面先心虚，派人来议和，表示要割长江为界，年奉岁币银绢二十万给蒙古。此次和议，也是贾似道临时起意，事先并未向南宋"中央"请示，其实是他为延缓蒙古攻势的"私自"议和。

忽必烈正要拔营解围而去，见宋方派来使者议和，便顺坡下驴，遣学士赵璧登鄂州城与宋人谈判，并嘱咐道："你登城后，注意我的帅旗。大旗一动，你要速归。"

于是，赵璧上城，与宋使"讨价还价"。宋使表示要以长江为界，岁奉银绢二十万。赵璧嘴硬："大军先前到濮州，还可应从你们的条件。今已渡江，这样的条件我们不能接受。贾制置（贾似道为制置使）何在，我要与他面谈。"

正说话间，赵璧掉头望见城下忽必烈帅旗移动，知道蒙

第二章 临安陷落

《元世祖出猎图》(局部,元代刘贯道绘,台北故宫博物院藏)

古军开始撤围,急忙对宋使说:"待他日复议,我回营禀命。"

于是赵璧慌忙下城返回蒙古军营,随军北撤。

所以,贾似道此次"和议",根本没有任何结果,双方也没有任何文字上的条款。虽然是城下之盟,但一直在战场上占据优势的蒙古军一方忽然撤走,议和不了了之。

忽必烈布置有方,他一边后撤,一边留一部偏师等候攻入湖南的兀良合台部。这支部队正猛攻潭州,闻退兵令下,急忙解围,引兵趋北。

至此，贾似道上报宋廷鄂州围解，朝廷以为是打了胜仗，马上论功行赏。新年新气象，正好"胜利"消息传来就要过新年，宋理宗便改元"景定"。

景定元年（公元1260年）三月，贾似道听从刘整的建议，派宋将夏贵追击从湖南北撤的兀良合台部，杀掉殿后蒙古军一百七十人，以"大捷"上闻。

五月，宋理宗下诏，进贾似道少师，封卫国公，并手诏褒赞："贾似道为吾股肱之臣……隐然珍敌，奋不顾身，吾民赖之而更生，王室有同于再造！"（《宋史纪事本末》卷一百二）

贾似道还京时，理宗下令百官郊迎。忽必烈为夺汗位拔军北还，倒成了贾似道"肃清江汉"的大功。很快，那些参与鄂州会战的宋将也都升官：吕文德任检校少傅，高达任宁江军承宣使，刘整知泸州兼潼川安抚副使，贾贵知淮安州兼京东招抚使，孙虎臣任和州防御使，范文虎任黄州、武定诸军都统制……

其实，鄂州防战，高达功最高，但由于他一直在鄂州凌侮自己，贾似道进言宋理宗，想以"跋扈"的罪名杀掉他。还好，宋理宗知道高达有功，未听贾似道之言，但推功时就把他列为第二。由此，也种下了日后诸将之间以及将相之间的嫌隙，总有要贾似道好看的那一天。

4. 李璮兵变掀波澜

景定元年（公元1260年）五月，蒙古一方派郝经为使，在向南宋通知忽必烈即位消息的同时，索要贾似道私许的"岁币"。

南宋方面，贾似道还朝后立刻派手下"枪手"们撰写《福华编》大册子，泱泱皇皇，吹嘘他守鄂退敌的"丰功"。当时，南宋举国上下皆不知与蒙古有"议和"之说，都认为是贾少师手摇羽扇指挥有方赶走了蒙古军。

不久，宋理宗听说有蒙古使节来，对宰执大臣讲："北朝使来，事体当议。"

贾似道连忙上奏："既然蒙古人派使，肯定是来讲和，怎能这么容易就让他们的使臣入朝面圣！"

理宗皇帝正陶醉于鄂州"大捷"，想想也对，就拥着美女去后宫玩耍，基本把此事忘掉。

景定三年（公元1262年）三月，蒙古的江淮大都督李璮叛蒙附宋。

李璮本是金国末期的汉人地方割据头领李全和杨妙真的儿子。根据《大金国志》记载，杨妙真是农民起义军的女头领，"勇而有谋，少为群盗，聚众万人"，绝对是个智勇双全的女中魁首。一次，在与李全红袄军火拼时，她与李全比武，当时，杨妙真"飞马植枪，深入一尺"，而后让李全拔枪。李全也是当时名震一时的高手，根据宋人笔记《齐东野语》记载，李全所用的铁枪"重可四五十斤"，这个人也是武艺精湛，江湖人称"李铁枪"。结果，面对女英雄，李全这次却栽了，"全不能拔，下马屈服"。

飞马植枪看似简单，其实很有技术含量，使用者既要膂力过人，还要能够巧妙结合战马的速度，同时必须兼顾刺入地面的角度和深度，上述各项因素缺一不可，才会达到长枪入地而不能拔出的效果，真做起来难度极高。杨妙真与李全比武，互相生出好感，从此两人合兵一处，成为当时纵横江淮的一股强大武装势力，以至于当时的蒙古、金国、南宋，都争相拉拢他们，竭力想把这支队伍收为己用。杨妙真夫妻二人也乐得其成，一直拥兵自重，周旋于三国之间。后来，李全战死，杨妙真独掌大权，手下统率数万精兵，彻底成为山东地区的义军首领。李璮是李全与杨妙真的长子。公元1232年，杨妙真就去觐见蒙古大汗窝阔台，然后被大汗授予官职，主持山东、淮北军政，当时被称为"杨行省"。不久，她主动引退辞职，让儿子李璮承袭职位。过了数年，这位女英雄杨妙真善终。她死后，她的九转梨花枪法却在山东等地流传下来。在明代，杨家枪名声很大，被誉为最上乘的枪法，古代兵书《武编》《纪效新书》《阵记》等书均有记载，所以，

第二章 临安陷落

明朝以来的杨家枪不是杨家将的枪法,而是女英雄杨妙真所传的枪法。明朝的民族英雄戚继光更是对这门武术推崇备至,称之为"枪法之始"。戚继光抗倭时,更是把杨妙真枪法改进后命士兵演练,痛杀倭寇。

随着蒙古势力的扩张,李璮也借机扩展势力范围,所以他的军事力量几乎涵盖山东半岛。公元1252年,李璮举兵攻占南宋北境的海州,随后又连拔南宋涟水四城,杀害无数宋军宋将,开始与南宋隔淮水相望。可以这样说,李璮是当时蒙古统治下在汉地实力最大的汉族世侯,继其父母之后,他一个人竟然统治山东达三十多年。而且,李璮秉承父亲李全的优点,采取各种手段巩固扩大自己的权力。当时山东益都一带民户在蒙古窝阔台汗时期分封给了成吉思汗幼弟铁木格斡赤斤家族。李璮很会利用这一关系,处心积虑地迎娶铁木格斡赤斤嫡孙塔察儿的妹妹为妻,由此,他就成了黄金家族中"东诸侯"之长的女婿,也就是蒙古汗国的驸马爷。正是这种身份,使得李璮在蒙古北方汉族诸侯中最为桀骜不驯。当年蒙哥汗攻宋,好几次征调他的兵马,李璮都以各种理由加以拒绝。几十年间,他在自己境内招贤纳士,礼聘儒生,下令修缮荒废多年的文庙等,不断巩固自己的势力。即使元朝发行的中统钞,李璮都拒绝使用,在山东境内他只许流通南宋政府发行的纸币"会子"。此外,李璮与他的同乡、时任元朝中书省平章政事的王文统也关系密切。

公元 1261 年,已经登上汗位的忽必烈又一次率军征讨漠北诸王反叛,当时李璮觉得这是千载难逢的机会,加紧准备反叛。对此,忽必烈即刻加以察觉,火速返回。

当时的李璮想不到忽必烈这么快就回来,赶紧让留在蒙古军中为质子的儿子李彦简回来,然后就下令尽杀境内蒙古戍兵和蒙古官员,宣布反正起事,以涟、海等城献给南宋政府,希望与南宋联手抗衡蒙古军。

宋廷闻讯大喜,授李璮为保信、武宁军节度使,封齐郡王。李璮还攻益都后,进入淄州坚守。

就当李璮儿子李彦简逃归山东时,忽必烈马上召见谋臣姚枢,寻问李璮会如何行事。姚枢当时认为李璮会有三种选择:上策是趁忽必烈北征,火速沿海而上,直捣燕京,然后占据居庸关险要,把蒙古军主力拒于居庸关之外;中策是与南宋联手,负城坚守,依托宋军支援做持久战,这也是比较稳妥的长久之计;下策则是出兵济南,然后等待山东等地汉族世侯的响应,最终合兵一起。忽必烈问姚枢:"李璮会采取哪一策呢?"

当时姚枢莞尔一笑,自信地告诉忽必烈说:"以李璮的个性,他必然采取下策"。

果不其然,事情的发展正如姚枢预料的一样,李璮由于

第二章 临安陷落

缺少胆识,没有果断出兵直捣燕京,拒蒙古军于居庸关之外,所以不能乘中原人心浮动而成事;他也没有诚意与南宋真正开始合作,仅仅是想利用宋军牵制元军的兵力。宋廷方面呢,也不完全相信他,在接收了李璮所献城池后,南宋的两淮驻守兵马乘李璮起兵,马上派兵去攻打徐(今江苏徐州)、邳(今江苏邳州)、宿(今安徽宿州)、滕(今山东滕州)等地方,想乘机渔翁得利。

忽必烈此时听从姚枢的建议,快速做出反应,命令山东各地备战,又调集兵马分南北两路,向济南靠拢,准备把李璮困死在济南。

忽必烈遣丞相史天泽以及行军总管张弘范(张柔之子)率军前往镇压李璮军队。元军这些汉人将相如狼似虎,把李璮打得龟缩于济南城中不敢动弹。宋廷命大臣留梦炎带五万白银连同军队增援犒师,走到山东边界就不敢再往前行。

蒙古军将领董文炳在城下招降,李璮的大将田师都缒城投降。元军日夜猛攻,断绝粮路,济南城内出现人吃人的现象。

城破在即,李璮完全绝望,他亲手杀掉妻妾,自己驾船入大明湖想投水自杀。水浅不得死,为蒙古军所获。他被切剐成碎片,折磨而死。

济南失陷后,留守益都的李璮守军开门投降。当时,李璮手下还有沂、涟两部精兵两万多人，这些人勇而善战。他们投降后，皆被蒙古将领哈必赤拆散，分配诸军，暗中被集体屠戮，最终只有配给董文炳的两千汉人劲卒未被杀害。

至此，折腾半年，山东复为蒙古军所得。

平定李璮后，史天泽为表忠心，他请忽必烈从他史家开始，削夺汉人大族军将的兵权。如此"慎始慎终"，这条蒙古鹰犬可谓用心良苦。

李璮兵变这件事情，对蒙古的政治制度确实产生了重大影响，而且还一直延续到整个元朝的统治时期。在此之前，忽必烈本人还是比较信任汉族官僚的，无论在中央还是地方，他所任命的手握军政重权的汉族儒生和世侯不乏其人。在此之后，忽必烈迅速采取行动，彻底改变了先前信任汉人的策略。首先，他任用色目人在中央（如阿哈玛特）和地方担任财政要职，汉人在蒙古的官僚体系中的地位整体下降近乎一级，在蒙古人和色目人之后，成为第三等级。第二，他把汉族世侯的军事权力全部收回，包括史天泽在内的中央和地方汉族世侯，从此彻底失去了兵权。第三，汉族地方世侯的职位彻底瓦解，忽必烈下令将地方民事权与军事权彻底分开，直属中央管理。

忽必烈由于一直忙于在蒙古内地平息诸军的反叛，所以一直也没腾出手来进一步向南宋发动大规模进攻。

第二章 临安陷落

贾似道方面，入朝之后，趁宋理宗因立储及迁都等事把吴潜罢相的机会，痛打"落水狗"，最终把吴潜贬至岭南的循州，并派人下毒毒死了这个政坛对手。

贾似道大权在握后，对朝中的丁大全、吴潜党人逐个清算，贬逐一空，进而又清除了后族外戚势力，完全把持了朝政。

更缺德的是，贾似道与宋理宗卸磨杀驴，大行"打算法"，开始在军队中清除昔日卖命抗元的将领，想展开新一轮"释兵权"运动。

南宋军队虚报兵员、占用公帑等现象确实严重，贾似道的"打算法"，名义上是严核军队支出费用，其实是想通过在军中搞运动清除异己。一下子，高达、向士璧、史岩之、赵葵等大将皆被指斥为军队中的"贪污"坏分子，最终连向士璧这样在潭州与蒙古军浴血奋战的人都被斩首，此举大失军卒士民之心。

最糟糕的是，身在泸州的宋朝大将刘整由于与其顶头上司四川制置使俞兴以及吕文德不和，被诬贪污军款。刘整惶恐愤怒之下，竟以手下十五州之地向蒙古军投降，裹胁士民达三十万户之多。刘整足智多谋，能征善战，他的投降，不仅使南宋在蜀地失去一大块战略要地，最重要的是这位高级将领深谙宋军虚实，出主意教唆蒙古军使用水陆并进之策，在日后的灭宋过程中屡献"奇计",成为蒙古灭南宋的"大功臣"之一。

在打击军将势力的同时,贾似道与理宗大力"弘扬"程朱理学。在全国上下尊儒的风气下,置危亡在即于不顾,士大夫个个正襟危坐,大谈"修身养性",导致官僚机构日益庞大,一百余郡的财赋,竟养活二万四千多名冗官。

经济方面,贾似道大行"公田法",即按官员品级确定占田限额,两浙、江东、江西等地官户有超过限制的田地,皆从中三抽一,由政府买回,然后当作公田来出租。当然,"买公田"的愿望是"善良的":"可免和籴,可以饷军,可以铸造楮币(停印纸币),可平物价,可安富室,一事行而五利兴。"(《钱塘遗事》卷五)确实,此法使南宋政府得到一千万亩公田,收租米六百多万石,全部纳于临安的咸淳仓储积。但是,由于各级官员贪污腐败,舞弊繁多,大批小地主破产,农民受剥削情况更加严重,南宋国内的社会矛盾更加深化,怨气毒恨,深植于心。

特别是在理宗皇帝死后,贾似道发行第十八界会子(交子),称"金银关子",废止先前十七界会子,命令民众以三比一的比例来折换新币。由于没有足够的现银作储备,滥发钞票,致使物价飞升,米价高涨,使得原本繁荣的南宋工商业遭受惨重损失,经济濒于崩溃边缘。

不仅如此，南宋军士待遇极低，腹空身弱，让这些人去抵拒如狼似虎的蒙古军，显然是勉为其难。

5. 促织玩乐下的南宋

南宋景定五年（公元 1264 年），宋理宗病死。宋理宗当皇帝时期，表面上非常推崇理学，天天嘴上仁义道德，私下却荒淫纵乐，朝廷内外也多这样言行不一的无耻士大夫，所以，当时南宋的天下之亡，已见征兆。

宋理宗本人无子存活，继位的赵禥是他的侄子（理宗同母弟赵与芮之子），是为宋度宗。史臣的记载很有意思，说这位宋度宗"资识内慧，七岁始言"，把一个七岁才会说话的低智儿，说成是"内秀"的天才。

先前，宋理宗"家教"甚严，把一直当作"皇储"来养的大侄子折腾得够呛，度宗当太子时常常被唤入宫中，理宗问他当天所学。傻小子偶尔答对，则被"赐茶赐座"；常常答不对，则被皇伯父反复教谕，逼他死记硬背，几乎把青少年时代智商本来不高的宋度宗闹成精神病。

宋度宗继位时，虽然已经二十五岁，但孱弱无识，凡事皆以贾似道为主心骨，加贾似道太师，封魏国公。

咸淳元年（公元 1265 年）度宗皇帝即位不久，贾似道却自己打报告辞去相位"撂挑子",返回绍兴私第。同时,他唆使心腹大将、时任京湖制置使的吕文德谎奏蒙古军来攻下沱,吓得度宗皇帝多次亲发"御笔"请贾爷回京议事。

由于贾似道对自己有拥立之功(吴潜曾反对理宗立度宗为皇储),度宗皇帝对贾似道每朝必答拜,言必称之为"师臣"。满朝文武很会看脸色,皆呼贾似道为"周公"。特别有意思的是,贾似道在朝上玩"辞职",吓得度宗皇帝从龙座上弹身跳下给贾似道下拜,得亏大臣谢万里赶忙挽起度宗,说:"自古无此君臣礼,陛下不可拜,似道不可复言去!"

贾似道见皇帝给自己跪下,仓促间不知所为,下殿后向谢万里道歉:"如无谢公,似道几成千古罪人。"贾似道嘴上虽这么说,但他由此益忌这位谢公,不久就把他排挤出朝。

说起来,贾似道凭其漂亮姐姐在理宗宫中得宠,年轻时要风得风,要雨得雨,似乎听上去是个无行的轻狂衙内。其实,贾似道出身绝非贫贱无行之家,其父乃制置使贾涉,是军队的高官。贾涉之父贾伟,也是宋朝忠臣。特别是贾涉,为南宋朝廷坚守淮西,半生血战,厥功甚伟,操劳病死之后,获赠龙图阁学士、光禄大夫。所以,贾似道是真正响当当的高士子弟。

贾似道年轻时,恃宠不检,整日流连妓家。淳祐元年(公元1241年),贾似道二十余岁即为湖广总领;淳祐五年

第二章 临安陷落

（公元1245年），以学士身份为沿江制置副使；又迁京湖制置使，调度赏罚，中规中矩，显示出他是很有才干的人才；淳祐十年（公元1250年），他以端明殿学士身份移镇两淮，当时才三十多岁。青年得志，一路陡升，虽然少不了姐姐宫中受宠的因素，但贾似道本人绝非草包，镇治一方，很有成效。

掌握中央大权后，贾似道见新帝易欺，总爱玩"乞退"的游戏。咸淳三年（公元1267年）刚刚过完春节，贾似道又上书"乞归养"，一方面表示自己不恋权，一方面又显现自己有大孝之心，要回家奉养老母。

宋度宗开始时一天四五次派侍从"传旨固留"，后来，竟然派中使一天内十多次到贾似道府门，赐物赐钱无算。就这样，还怕贾太师跑了，一大帮内侍夜间在贾府宅外露宿，唯恐贾太师连夜回老家。

此次"乞退"的结果，贾似道获赐西湖葛岭豪华别墅一座，五日才乘湖船入朝一次，官吏拿着案牍到他家里让他签字办事。大小朝政，全为贾似道的幕僚廖莹中和堂吏翁应龙二人签决。

到了咸淳五年（公元1269年），贾似道"复称疾求去"，吓得宋度宗"泣涕留之"，最终，下诏让贾似道六日一朝，几乎把贾似道当太上皇了。

大概宋度宗心中还觉不踏实，很快又下诏贾似道"十日一朝",并可以"入朝不拜"。每退朝,宋度宗一定要起立避席,目送贾似道出殿庭,才敢坐下,真把贾似道当成诸葛亮加姜太公的二合一圣人。

当其时也,南宋襄阳、樊城被元军围困,情势危急。主管军国大事的掌门人贾似道,日坐葛岭别墅中,大起楼阁亭榭,建"半闲堂",广交道士,塑自己的坐像于其中,祈福想长生不老。他还娶宫人叶氏以及几个美色尼姑为妾,天天与一帮人赌博为乐。

这位自恋的贾大人,真不知其胸中何以如此安泰,把自己当成了可以"谈笑净胡沙"的谢安石。半闲堂落成后,马上有一个帮闲文人献《唐多令》小词,巴结贾似道:"天上谪星班。青牛初度关,幻出蓬莱新院宇,花外竹,竹边山。轩冕倘来闲。 人生闲最难。算真闲、不到人间,一半神仙先占取,留一半、与公闲。"(《宋词纪事·无名氏·唐多令》)

贾似道捧词大笑。

此外,贾似道一大癖好,乃斗蟋蟀。他常常与一群美貌妾侍趴在地上斗蛐蛐玩,专心投入,以至于他身边的老友拍着他肩膀笑问:"此乃相国之军国重事耶?"

要知道,到了南宋,养蟋蟀,斗蟋蟀,已经是蔚然大观。叶绍翁《夜书所见》曾记:"萧萧梧叶送寒声,江上秋风动客情。知有儿童挑促织,夜深篱落一灯明。"可见,宋代孩童,

第二章 临安陷落

晚间在家里斗玩蟋蟀，或已经成为一种风俗。大豪客张镃《满庭芳·促织儿》追忆："儿时，曾记得，呼灯灌穴，敛步随音。任满身花影，犹自追寻。携向华堂戏斗，亭台小、笼巧妆金。"蛐蛐笼子质地他没有直说，"妆金"二字，道出了贵族子弟的蛐蛐笼子上面以金为饰，肯定豪贵无比。而张镃密友姜夔则记曰："蟋蟀，中都呼为促织，善斗。好事者或以三二十万钱致一枚，镂象齿为楼观以贮之。"

值得注意的是，在南宋，装盛蛐蛐竟然以象牙雕刻的楼观为笼，可谓穷极工巧。一头顶级蟋蟀，价格达二三十万钱，而南宋中前期，一斗米也就是二百钱！在宋高宗赵构南渡之初米价最贵的时刻，每斗米也不过三百钱。偏安一隅之后，西湖暖风一吹，歌舞升平，文恬武嬉，一头顶级蟋蟀，价格竟然能买一万斗上好的白米！

上之所好，下必甚焉。逐渐，江南地区斗养蟋蟀，也慢慢成为一种专门行业。西湖老人《繁胜录》记："促织盛出，都民好养。或用银丝为笼，或作楼台为笼，或黑退光笼，或瓦盆竹笼，或金漆笼，板笼甚多。每日早晨多于官巷南北作市，常有三五十伙斗者。乡民争捉入城货卖。斗赢三两个，便望卖一两贯钱。若生得大更会斗，便有一两银卖，每日如此。九月尽，天寒方休。"

当然，最专业的蟋蟀专著，还要推大名人贾似道的《促

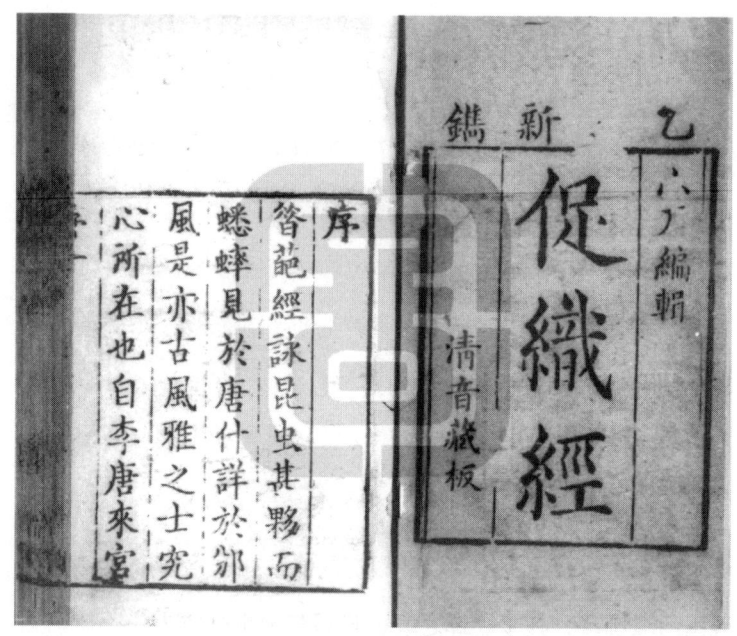

《促织经》清刻本书影

织经》。这本书,分为上下两卷,大概有一万四千字。共分七个类别:论赋,论形,论色,决胜,论养,论斗,论病。每大类下又分子目,体例非常完整。专业人士读之,如沐春风。今人已经不知贾似道原本《促织经》的具体内容。现行的《促织经》,由明朝浙江文人周履靖续增过内容。即便如此,贾宰相的养虫基本原则和思想,尽在其中。刨除以人论文的偏见,开宗明义,贾似道对于蛐蛐的赞誉,确也蕴含许多人生哲理:"促织之为物也,暖则在郊,寒则附人,若有识其时者。拂其首则尾应之,拂其尾则首应之,似有解人意者。甚至合类额颃,以决胜负,而英猛之态甚可观也。岂常物之微者若是班乎?此君子之所以取而爱之者,不为诬也。愚尝论之:天下有不容尽之物,君子有独好之理。……或在壁,或在户,或在宇,或入床下,因时而有感。夫一物之微,而能察乎阴阳动静之宜,备手战斗攻取之义,是能超于物者也甚矣!促织之可取也远矣!"

在贾似道看来,小小鸣虫蟋蟀,能够识天时,解人意,供赏玩。悦而爱之,他还从斗蟋蟀之法,最终"悟"出"治国之道"!人无癖者,不可以与之深交。倘若贾宰相没有败军误国的尴尬事,其于蟋蟀之溺,日后肯定也会成为一段佳话。

除嗜好养玩蟋蟀以外,贾似道还是一个文物爱好者和收藏者,自建宏丽的多宝阁一座,一日一登玩,整日摩挲古玩宝器。昔日在蜀地兴建钓鱼城的功臣余玠最倒霉,贾似道听闻余玠有条宝玉腰带已经随其入葬,就派人发其冢盗取,得后拂拭一新,整天把死人玉带系在自己腰上。

玩乐日久,贾似道有时几个月不上朝。一次,宋度宗召见,问:"襄阳已经被围三年,怎么办呢?"

贾似道一惊,对答道:"北兵已退,陛下何以得知此事?"

度宗皇帝大傻一个,说:"有一女嫔讲给我听。"

贾似道愠怒,暗中询问其人是谁,然后找机会将其赐死。

先前有大臣言边事，贾似道也都一一加以贬斥。从此，外边战事，再无人敢言。

贾似道以太平宰相自居，周围一帮无赖文人终日簇拥，吃酒品茶打秋风，并纷纷呈上谀词，其中一首《声声慢》尤为老贾所喜："捷书连昼，甘洒通宵，新来喜沁尧眉。许大担当，人间佛力须弥。年年八月八日，长记他、三月三时（贾似道逃黄州时所谓的蘋草坪"大捷"正值三月三）。平生事，想只和天语，不遣人知。 一片闲心鹤外，被乾坤系定，虹玉腰围。阊阖云边，西风万籁吹齐。归舟更归何处？是天教、家在苏堤。千千岁，比周公、多个彩衣。"

贾似道词文半通，见此词把自己比为圣尧，比为周公，比为佛力护佑的宰辅，满心欢喜。但他并不知晓"老莱子彩衣娱亲"（寓其孝顺老母）的典故，假装谦虚，对门客说："此词固佳，但失之太俳，安有身穿彩衣的周公？"外间人闻之而笑。

贾似道此人，贪图逸乐，罢斥正人，却也无秦桧之大狡巨奸之心，无史弥远阴险凶戾之情。在其晚年当政时，为收买士人之心，他还想出"置士籍"这样的"文治"，把读书人的乡里、姓名、年纪、三代、妻室等严加勘察，查验他们的身份与科举条例无碍，方许纳卷赶考，显示出贾似道近乎愚憨的小智。当时边事危急，朝臣束手无策，他竟然还有心思琢磨科举，悖谬荒唐。

咸淳十年（公元 1274 年）春，贾似道之母胡氏病死，朝廷下诏："以天子卤簿葬之，起坟拟山陵。"这在以"礼制"闻名的宋代，真乃骇人听闻之事。文武百官皆孝服赴吊，呆立大雨中，无人敢擅自退场，可以说上上下下对贾似道敬畏到了极点。贾母下葬之后，度宗皇帝赶忙下诏起复贾似道，让他还朝主持政务。

如果贾似道趁母死之际真的留于家乡守孝，或许还能逃避日后的政治责任。但权力的滋味，一经品尝，就绝不会轻易舍弃。度宗君臣迫切的目光，葛岭多宝阁中炫人眼目的宝藏，西湖间柔和轻风中盛大的排场，以及仙堂秘阁中四方佳丽的曼妙眼波，无一不让贾平章魂牵梦绕，于是他鬼催一样猪癫疯似的从无锡奔返杭州。

6. 守襄阳的迷惘

早在宋度宗咸淳三年（公元 1267 年）年底，忽必烈在消除了蒙古诸王的反抗势力后，就采纳汉人郭侃建议，准备大举兴兵灭宋。灭宋的关键一步，就是先要攻取南宋最重要的军事堡垒襄阳、樊城。于是，忽必烈派大将阿朮经略攻打襄阳事宜。

忽必烈下定灭宋的决心，最主要的进谋者倒不是郭侃。这个秀才的建议只属"纸上谈兵"的范畴，他对蒙古的功劳主要在中亚地区。南宋降将刘整，才是为忽必烈灭宋出谋划策的真正主心骨。

本来，蒙古内部多事，众大臣廷议，并未通过伐宋之谋，正是这个刘整以言相激："自古帝王，非四海一家，不为正统。圣朝有天下十七八，何置一隅不问，而自弃正统耶？"

一席话，说得忽必烈雄心大起，大呼"朕意决矣"，定下灭宋之略。通过刘整这名南宋骁将，忽必烈尽得南宋国事虚实，南伐之谋益决。刘整不仅向蒙古群臣详细通报南宋的山川形势和内政详情，他还懂得"魔鬼在细节"，亲言于忽必烈道："南人（南宋）唯恃吕文德这位将领能战，然此人可以利诱。请主上派人向他贿以贵重玉带，争取能在襄阳城外置榷场。"

吕文德如此大将，竟贪图小便宜，得到价值连城的玉带后，贪图与蒙古人交易之间取利，同意在樊城附近设置榷场，一时间全然忘记南宋与蒙古处于准战争状态。

蒙古军不敢怠慢，趁宋人不设防，在鹿门山筑土墙，外通互市，内筑堡垒，实际上不废一兵一将，便一举在襄阳与樊城之间设置了有阻碍作用的军事堡垒和工事。

待吕文德回过味儿来，已经无可奈何了。

见一计已成，刘整又向忽必烈献二计："攻宋方略，应先从襄阳下手。本来我军先前已得襄阳，弃之勿守（宋朝于1239年收复襄阳），使南宋得以筑为强藩。如得襄阳，自可浮汉水入江，定能一举平灭宋国。"

刘整此计，真乃一剑掏心之策。襄阳、樊城处于南阳盆地之南，夹岘首山交峙两边，汉水流于其间，东可至江淮，西面临关陕要地，不仅控扼南北，又跨揽河南、湖北两地，为南宋最重要的军事重镇。

蒙古大将阿尢得旨，率大军于白河口（今湖北襄樊东北）设置堡垒，用以断绝南宋增援的粮道。吕文德之弟吕文焕闻讯，大惊失色，忙遣军卒化装持蜡书驰报吕文德。吕文德大怒，对弟弟派来的送信人骂道："你不要妄言敌情以希功赏，即使元军真派人在二地筑城，也是虚筑的假城。襄阳、樊城城池坚深，兵储粮草可支持十年，有何可惧！你回去告诉吕六（吕文焕），但坚守樊城，假若刘整狂妄发军来攻，待春水一至，我自将大军攻之。恐怕我本人未到，刘整率蒙古军早已遁逃！"

如此昏庸短识，识者闻之窃笑。其实，在白河口筑城，是刘整与阿尢两人一拍即合的计议。刘整认为："我们精兵突骑，在陆上所向无敌，唯水战不如宋军。如果我们造战船，练水军，则敌失所长，必为我擒！"

因此，在赶筑白河城的同时，刘整为新主子紧忙活，督建五千艘精舰，练水兵七万人，日夜操训。雨天不能出练，他画地为船，教习蒙古诸将。刘整可谓用心良苦。

咸淳五年（公元1269年）春，蒙古军包围樊城，在鹿门（今襄阳东南）筑城，以为长久相持之计。

这一年中，宋将张世杰率兵与蒙古军战于樊城的赤滩圃，宋将夏贵在新郢进袭蒙古军，宋将范文虎在灌水滩与蒙古军交战，但三人均遭败绩。张世杰乃范阳人，与蒙古的汉人鹰犬张柔是同族，并曾在其手下做事。张柔叛金投蒙古后，张世杰跑到南宋，为吕文德所荐拔，在鄂州守战中跟随宋将高达屡建战功，又随贾似道入黄州，在蓣草坪一战也出过死力。

老将夏贵，就是当初骗杀韩侂胄的那个殿中武将，当时他还只是个御林军中下级军官。日后史弥远搞宫廷政变，拥立本不应继承皇位的宋理宗，当廷狠按本是皇嗣的济国公赵竑向新帝下拜的，正是这个夏贵。虽是"帮凶"出身，但夏贵不乏战场实战经验。

至于范文虎，乃贾似道女婿，草包一个。

年底，南宋大将吕文德病死。吕文德临终深恨自己当初贪小便宜允许元军设置榷场，死前常抚床长叹："误国家者，我也！"后悔药没处吃，忧愤而死。

转年，即咸淳六年（公元1270年），宋廷以李庭芝为京湖制置大使，督军赴援襄阳、樊城。本来，夏贵、范文虎接连大败，听闻新帅上任，范文虎怕李庭芝破敌立功自己脸上过不去，忙写信给老丈人贾似道："我将兵数万入襄阳，希望不要让我受李庭芝节制指挥，如此，大功成后，则全归恩相您一人！"

贾似道私心重，很希望女婿给自己长脸，出诏命让范文虎一军横亘于中，不给李庭芝与蒙古军交手的机会。而范文虎并非真想打仗立功，他天天与妓妾、食客们击鞠饮宴为乐。

这年底，蒙古大将张弘范（张柔之子）苦思冥想之后，经过详细实地考证，向上司史天泽建议："我们大军包围襄阳，一直围而不攻，本意是想坐待襄阳粮绝人疲使其自毙。但江水有规律地上涨，宋将夏贵时时可以派遣战船乘涨水时运粮入襄阳，况且襄阳通往江陵、归州、峡州等地的通道畅通无阻，宋兵可以往来轮休，困毙之策显然不成。现在，我们应该在万山（今湖北襄阳西）筑城以断其西，在灌子滩（今襄阳南）立栅以断其东，如此，才可断绝襄阳城对外的联系。"

史天泽听计。自是，襄阳、樊城道绝，宋军粮援被切断。

公元1271年六月，忽必烈命诸道兵进围襄阳，并命令诸道蒙古军并力进兵以牵制宋军援军。诏令一下，蒙古秦蜀行省的头头赛典赤瞻思丁率诸将水陆并进。郑鼎出嘉定，汪良臣出重庆，札剌不花出泸州，所至顺流纵筏，拆断浮桥，沿途连败宋军，俘获不少战舰、兵卒。七月间，草包范文虎率宋军十万水陆兵卒及千艘战舰进至鹿门，很想仗恃兵力优势"各个击破"。

蒙古军主帅阿尢命军队东西夹江为阵，派出一支别动队直趋会丹滩，攻击宋军前锋，蒙古诸将顺流鼓噪。

范文虎没有任何严密的军事部署和预备方案，逆战稍稍失利，登时大败，丢弃旗鼓、铠仗无数，乘夜遁去。蒙古军大胜，获兵卒、战船、甲仗无算。

也就是在这年年底，蒙古改国号为"大元"，"盖取《易经》'大哉乾元'之义"。

延至咸淳八年（公元1272年）夏，一直受贾似道、范文虎掣肘的李庭芝终于下决心率军进发，准备救援襄阳被围的宋军。此时，襄阳已经被围五年，主将吕文焕一直竭力拒守。所幸城中稍有积粟，但奇缺盐薪布帛。

宋朝的樊城守将张汉英招募了两个潜水高手，藏蜡书于发髻之中，让他们躲于几大堆浮草之下，趁势蒙混出外送情报。不巧的是，元军兵卒见河面漂下几大堆柴草，就用铁钩钩取准备晾干了当柴火用，这样一来，藏于草下的送信人就被元兵抓获了。由此，元军得知了这样一个讯息：由于鹿门元军驻守，樊城宋军希望援军自荆州、郢州（今

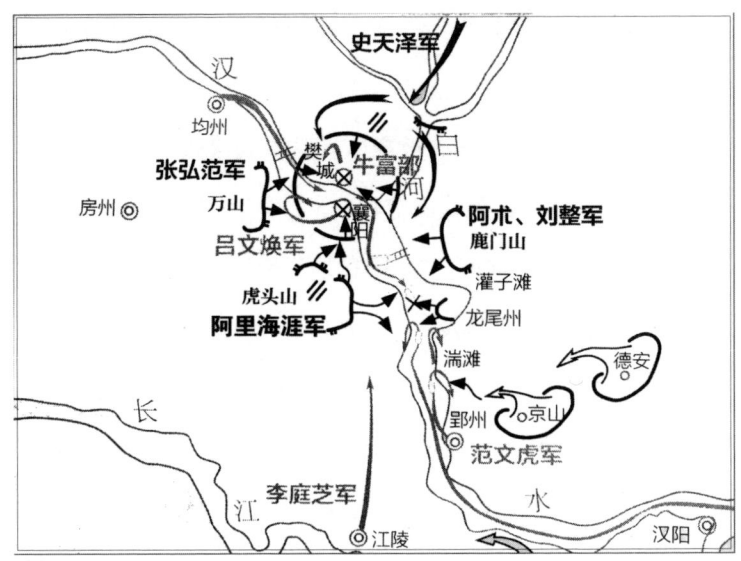

襄阳之战示意图

湖北钟祥）来。

军事意图一暴露，元军加紧了封锁，郢州、邓州之路也被隔断。正是在这种危急情况下，李庭芝本人移屯郢州，派遣手下将领驻兵新郢及均州（今湖北丹江口市）河口，严守要津。

研究地形地理，李庭芝得知襄阳城西北有一条清泥河，发源于均州、房州一带，于是他命人在当地造轻型战舟百余艘，三舟联为一舫，只在中间的船上装载兵士，两边的船装载物资。然后，李庭芝出重赏招募死士，得骁悍者三千人，又选拔其中绝勇者张顺、张贵二人为都统。此二人忠勇多智，深为诸将所服，人称张贵为"竹园张"，称张顺为"矮张"。李庭芝派这二人率三千名敢死队，乘夏天汉水暴涨之时，前往襄阳运送守军所缺的盐布等物资。

出发前，二张宣言："此行只是一死，你们有谁心中发虚不敢去，现在说还来得及，马上离队，切勿随军坏大事！"

二张令下，三千勇士人人感奋，握刀称诺。于是，宋军勇士启行，顺利而进，经团山，抵至高头港口，结成船舰方阵，每船置火枪、火炮、炽炭、巨斧、劲弩。待夜幕降临，宋军敢死舰队起锚，红灯为号，乘风破浪，冲进元军重围之中。

元军在江上防御严密，舟船蔽江，无隙可入。他们在江中置数道铁链，可以说是天罗地网。二张奋不顾身，指挥敢死队兵士，顺流纵击，冲破铁链密网，自磨洪滩开始攻击，转战苦斗一百二十里，杀得元兵皆披靡以避其锋。黎明时分，援军终于抵达襄阳城下。城中宋军绝援已久，突然看见自己人的队伍，喜出望外，欢呼跳跃，勇气陡增。

援军入城后，才发现不见了张顺。数日后，有浮尸顺流而下，依旧被甲胄，手执弓矢。宋军细看，正是战死的张顺尸体，他身中四枪六箭，怒气勃勃如生。诸军惊以为神，结冢殓葬。张顺大丈夫，终为大宋忠义之鬼。

第二章 临安陷落

吕文焕见张贵勇猛过人，竭力挽留他在襄阳共同守城。张贵自恃骁勇，还想率其所部还归郢州。于是，张贵从部下中选中两个善泅水的兵士，持蜡书密信由水路潜水到郢州范文虎部要求接应。由于先前水路被二张突破，元兵增守益密，水中连锁数十里，列撒星桩，虽鱼虾不能渡。张贵两个手下真神，最终竟然泅水得渡，一路游水一路锯柱，把密信送给范文虎。大草包范文虎也叹二卒神勇，遣两人还报，约定要发兵五千人前往龙尾洲接应，以助夹击。

这两名军卒历九死一生，又泅回襄阳把消息送达。张贵大喜，在约定的日子告别吕文焕，准备东下郢州。临行点兵，忽然发现帐前一卒不见，此人前几日犯军法被施杖刑，因怨生叛。张贵心惊："大计可能被泄漏，马上出发，敌军或许还未知晓我们的计划。"于是，张贵率敢死军团登舟鼓噪，乘流而下，断铁索，破重围，拼死前进，元兵看见如此强兵，皆胆怯避易。所谓"横的怕愣的，愣的怕不要命的"，遇上张贵这支不要命的宋兵，元军心中也生怯意。

也甭说，在暴露了行军意图的情况下，张贵敢死军竟然仍然能冲出险地，辗转前行，直抵小新河。元将阿尤、刘整各派军舰邀击，均不能抵挡张贵一军的锐勇之势。深夜时分，张贵舟舰行至勾林滩，此地已与范文虎相约的龙尾洲很近。望见沿岸束荻列炬，火光烛天，张贵大喜。他隐约望见有军船旗帜,便认定是范文虎一军在此接应。殊不知,范文虎所遣军队在两日前已经因惧退走,此时驻扎龙尾洲的是元朝兵船。

元军由张贵手下逃兵讯息知道此地是张贵必经之地,早已在此设军,"以逸待劳"。张贵所率军船无备,驶近元军军船,当头就是一阵箭雨弩炮"迎接"。由于事出不意,张贵的敢死队伤亡惨重,船只大部被烧毁,人员烧溺殆尽。张贵死拼,身被十余创,最终力不能支,被元军生俘。

7. 襄樊一失无屏障

阿术得知张贵被擒,立命军士送其入营,亲自劝降。张贵大骂不屈,最终被杀。于是,阿术命四个宋军降卒抬着张贵尸体,直送襄阳城下。元将在稍远处立马驻定,向城上遥呼:"认识竹园张吧,这具尸体就是!"

守城宋军望之皆恸哭,城中人闻之皆气沮。宋军主将吕文焕命兵士出城,当即斩杀四个送尸的宋军降卒,把张贵与张顺葬于一处,立双庙一起祭祀。

南宋守军一直苦撑到咸淳九年(公元1273年)春,樊城终于被元军攻陷。被围困的四年多时间里,宋朝樊城守将范天顺、牛富一直死力拒战,从未懈怠,并坚持与坚守襄阳的吕文焕相为唇齿，配合防守，诚为艰难。

后来，主攻樊城的元朝大将阿里海涯得到西域所献威力巨大的抛石机，巨石遍天飞，终于攻破樊城外郭。当时，元朝的汉将张弘范虽然胳膊中箭，但战胜心切，他束创面见元军统帅阿术，进劝道："襄阳在江之南，樊城在江之北，我们对樊城进行陆攻，襄阳会从小道派舟师来救，这样下去根本不能攻克樊城。如果我们截断江道，断绝襄阳方向的援兵，水陆夹攻，樊城必破。樊城破，襄阳随即也就能被攻下。"

于是，元军先派人拼死烧毁连接襄阳、樊城的军事浮桥，由此襄阳宋军不能由桥上赴援。元军出锐师遍布江上，堵住襄阳水上援军。接着，元军集中优势兵力猛攻樊城。

宋守军不敌，城破。守将范天顺见大势已去，仰天长叹："生为宋臣，死为宋鬼！"手杀数个元兵后，跑入城楼自缢殉国（这位凛然殉节的范将军，乃日后降元的范文虎亲侄）。

南宋樊城副将牛富将军拼死抵拒，城破后仍率死士百余人与元军巷战，杀死元军无数。他渴饮血水，转战而进，最终因身负重伤不能再战，以头触柱，赴火而死。其手下兵将悉数赴火自杀。

攻陷樊城后，元军屠城。

樊城一失，襄阳岌岌可危。没过多久，吕文焕思前想后，绝望之余，竟然开襄阳城向元军投降。

吕文焕守襄阳数年,浴血死拼。他每次巡城,都南望恸哭,希望朝廷能派兵来救。可恨的是贾似道在朝中玩弄权术,他一方面"自告奋勇"要亲自率军"行边",一方面又唆使充当自己爪牙心腹的台谏官上疏"挽留"自己。特别是樊城被元军攻陷,情势万分危急之际,贾似道仍演这套把戏,逗留于杭州。南宋君臣商议良久,终于决定留贾似道"居中以运天下",以为贾似道可以运筹帷幄,决胜千里。

本来,廷臣多认为大将高达可以被派去襄阳救援,御史李旺亲自哀求贾似道要他派高达领军,被贾似道以高达与吕氏兄弟不和为借口推辞:"吾用高达,奈吕氏何!"

李旺叹道:"吕氏安则赵氏(宋室)危矣!"

其实,不仅吕氏兄弟与高达不睦,先前鄂州守战时,贾似道也深恨高达不尊敬自己,当然不想给对方立功机会。更让人嗟叹的是,城破在即,吕文焕仍持重重私心,听闻朝廷要派高达来援,怏怏不乐。其门客见状,忙出馊主意:"朝廷遣高达来,正因襄阳危急,如我们以大捷上闻,朝廷必不会再遣高达来。"

吕文焕大以为然,马上捆起截俘的数名元兵送示杭州,表称自己获得"大捷",但他并不知朝中根本没有下定决心派人来援襄阳。

不久,阿里海涯等人把攻克樊城所用的全部攻具调至

第二章 临安陷落

襄阳，重试新型抛石机的威力。一炮巨响，声如震雷，谯楼崩圬。城中汹汹，宋军诸将，有多人逾城投降。由于此种抛石机巨石中嵌有火药，给宋军以极大心理威慑，让守军胆肝俱碎。

参与围城的宋降将刘整先前劝降时曾被吕文焕所设伏弩射中，怨毒满心，一心一意想攻毁襄阳，抓住吕文焕千刀万剐以快其心。元将阿里海涯有远略，他单骑至城下，以忽必烈名义向吕文焕"宣诏"："尔等拒守孤城，于今五年，宣力于主，固其宜也。然势穷援绝，何不顾数万生灵性命。如能投降，大元悉赦不杀，且对诸将加以擢迁！"

吕文焕犹豫。阿里海涯向城折箭为誓。最终，对宋朝心灰意冷的吕文焕出降，先献管钥，次献城邑。

特别令人慨叹的是，一刻前还是大宋忠臣，归降元朝后吕文焕连一口气也不歇，马上向元军献进攻郢州宋军的计策，并自告奋勇求为先锋。

阿尤受降后，移军入襄阳，南宋最重要的防御体系终于瓦解，从此刻起，南宋腹地的沦陷，已是迟早的事情。

当然，元军并未马上任用吕文焕为"先锋"，而是派阿里海涯与他一起北上燕京朝见忽必烈。忽必烈果然赦而不杀，并升迁吕文焕的官职。

襄阳失陷的消息传至杭州，贾似道还得便宜卖乖，向宋度宗抱怨:"臣我屡请帅兵行边,陛下不许;如早听臣出,何至今日!"

身在庐州为官的吕文焕的三个哥哥以及在静江府为官的吕文焕侄子"上表待罪",均为贾似道庇护,度宗皇帝皆下诏不问,他们仍在原地任原官。这些人日后均以土地人民降于元廷。

朝臣有人弹劾范文虎,认定襄、樊之失皆由他怯懦逃避所至,请斩之以儆效尤。贾似道当然不肯下令杀自己女婿,只象征性地降一官,仍令这草包知安庆府。

宋度宗真拿贾似道当须臾不可或离的主心骨。襄阳沦陷后,他仍舍不得派贾似道外出领兵,在中书设"机速房",一切军政大权皆听贾似道节制。

宋度宗当太子时就以好色闻名。这年八月间,宋度宗因酒色过度暴崩,时年三十三岁。

宋度宗崩后,遗有三个儿子,全皇后所生的赵㬎四岁,杨淑妃所生的赵昰七岁,俞妃所生的赵昺三岁。

贾似道与宋理宗皇后谢氏商量,立嫡不立长,以赵㬎为帝,是为宋恭帝,谢氏以太皇太后身份临朝听政,改元德祐。

如此江河日下之势,贾似道不思救国之策,天天忙于欺上压下,并于秋天罢免了上任不久的京湖制置使汪立信。本来,汪立信忧于国事,写信给贾似道,言辞中肯,语意沉痛。

贾似道接书大怒，扔之于地，大骂道："瞎贼，竟敢如此狂言乱语！"（汪立信一目微眇，故贾似道以"瞎贼"诟之）中书得令，马上下诏贬了汪立信。

襄阳失陷后，李庭芝暂被罢官，但在年底又被任命为淮东安抚制置使；老将夏贵为淮西安抚制置使。

南宋咸淳九年（公元1273年）八月，忽必烈派出伯颜率军增援阿术。本来，忽必烈把伯颜和汉人史天泽同拜为中书左丞相，统领荆湖行省。史天泽深知韬晦之策，又怕元军"号令不一"，上表请示忽必烈应该专任伯颜。于是，忽必烈下诏以伯颜"领河南等路行中书省，所属并听节制"。

陛辞时，忽必烈对伯颜说："古之善取江南者，唯曹彬一人。汝不嗜杀，是吾曹彬也。"这位"不嗜杀"的伯颜，不仅率军灭掉了南宋，也使血雨腥风笼罩了江南地区，终究没有做成"曹彬"。

其实，元据襄阳后，忽必烈当时有休兵之意。阿里海涯进言："荆、襄自古用武之地，汉水上流已为大元所有，顺流长驱，必可平灭宋国。"阿术也及时上奏："臣率军掠地攻城于江淮之间，观宋兵战斗力已经大不如前。今若不取，是违天时也。"由此，忽必烈才下定决心，复遣伯颜提十万生力军大举南下。

元军统帅伯颜的军事天分很高。公元1273年十月，元军在襄阳会师后，他把元军分为两道：伯颜本人与阿朮从襄阳入汉水济江，命南宋降将吕文焕统水军为先锋；博罗懽从东道直趋扬州，以南宋降将刘整统骑兵为先锋。二道先锋，皆是熟知地理地形的宋人。

伯颜把自统大军分为三路：派唆都领一军由枣阳趋司空山；派翟招讨将一军自老鸦山趋荆南；而伯颜与阿朮两人率一部主力统领张弘范等军水陆并进，直杀郢州。元军军势非常强盛，旌旗延袤，前后数百里。

当时，屯兵郢州拒元的是宋将张世杰。郢州在汉水北，新郢城在汉水南，二城之势，颇似襄阳与樊城。二城城墙皆以石砌，牢固坚实。同时，宋军又在水中树立木桩，遍布铁锁，战舰密布，两岸弩炮林立，严阵以待。元军袭城，自然不能得手。张弘范以乡曲、同族之义劝降，均为张世杰严拒。

元军踌躇不前之际，倒是一个被元军抓来充当役夫的宋人献计："宋军沿汉九郡的精锐部队和防具，均集中在二郢之地，如果由水路进攻，骑兵不能护岸，很可能被宋军打败。不如舍郢州不取，先夺下游的黄家湾堡。此堡西面有一大沟，南通藤湖，可从其中拖船入湖，再行三里水路，即可使舟师入江。"

吕文焕是刚刚降附的汉将，听后深以为然。元朝诸将以勇武斗胜为先，嚷嚷不服："郢城乃咽喉要地，如不攻取，日后我大军还归,岂不成为心腹大患!"

吵嚷多时,最后还是伯颜拍板:"用兵缓急,我深知晓。大军倾力而出,岂只为争一城一州之地!"他下令诸军舍郢州不攻,顺流而下,派一支军队直扑黄家湾堡,果然一战即攻拔。

8. 元军势如破竹

元军统帅伯颜行军有法,大军开拔之后,他仅与阿朮率百余骑殿后。南宋郢州副都统赵文义率精骑两千人追击,不料反遭早有准备的元军迎击。力战多时,宋军被杀五百余人,赵文义在交战中也被擒,被伯颜亲手杀掉。可见,宋军的战斗力,真是十仅当一。当然,此种记载也是《元史·伯颜传》里为伯颜脸上贴金,似乎是一百名元兵能敌宋军两千人,凸显伯颜"神勇"。真实情况是,伯颜假装以少数兵力殿后,埋伏大队人马,突然掉头迎击宋军,出其不意,故而大胜。

此后,元军更是连下沙洋和新城(二地均在今湖北钟祥以南)。刚到沙洋,伯颜派降卒持黄榜入沙洋堡,向宋朝守将王虎臣、王大用劝降。二王忠勇,斩俘焚榜。伯颜大怒,趁着大风天,用"金汁炮"(一种投射高温熔化金属弹的抛石机）向沙洋猛投液化高温金属弹，焚毁了沙洋的防御工事。元军登城击杀，王虎臣、王大用苦战被擒，士卒多战死，城陷。而后，元军屠城，在沙洋堡大开杀戒，鸡犬不留。

接着，元军立刻南行五里，直杀新城。吕文焕一马当先，派手下元兵把上万血淋淋的人头堆在城堡前，遣人向宋朝守将边居谊劝降。当时，边居谊表示："我想和吕参政（吕文焕）面谈。"

吕文焕以为边将军要向自己投降，兴奋地驰马奔至垒下，结果伏弩齐发，一支大箭正中吕文焕右臂，其坐下马也登时被射死。如非元军力救，吕文焕几不得免。

也甭说，吕文焕堆人头搞心理战的计谋真管用，新城堡远不如沙洋坚厚，不少宋军将校纷纷缒城降元。宋军主将边居谊一面拦截逃跑兵士，一面指挥守城。

气急败坏之下，吕文焕指挥元兵攻城，边居谊亲自在城上掷火迎敌。毕竟寡不敌众，元兵蚁附登城，新城堡被陷。

见事不成，边居谊拔剑自刎，当时不死，又瞋目高呼，赴火自杀。其属下三千余人力战至最后一刻，皆为国殉难。

元军统帅伯颜闻知后，心壮其勇，亲至边将军被烧焦的尸体前观瞻。可见，义士豪胆，连敌酋也不得不佩服。

伯颜元军击降南宋的复州（今湖北沔阳）城后，在蔡店（今湖北武汉市汉阳区）以西大会诸将，准备渡江。

当时，宋军老将夏贵率战舰万余艘分据长江各处要口，都统制王达屯守阳逻堡（今湖北武汉市汉阳区以东），京湖宣抚使朱禩孙率机动军扼其中流，元军一时间遇阻，不能前进。

阿朮手下的宋军降将马福向新主子献计，说应该从沧河（今府河）走湖中，可从阳逻堡西沙芜口（今湖北武汉市汉阳区东北）入长江。

伯颜听计，派侦骑窥探，发现宋将夏贵早已分精兵在沙芜口守候。伯颜灵机一动，先指兵进围汉阳，对外放言，佯称要攻取汉阳渡江，夏贵不知是声东击西之计，连忙移兵援汉阳。由此，沙芜口兵力空虚，被元军一举攻下。元军水陆兵力大集，战舰近万，一齐驶至，并以数千艘泊于沧河湾口，陆兵共约三十万人，屯兵江北。

元军下一个目标就是阳逻堡。当然，伯颜仍旧先遣人招降。宋朝守将王达大义凛然，对手下兵将说："我辈世受厚恩，当勠力为国死战，安有叛逆归降之理！今日我大宋天下，犹如赌博孤注，输赢在此一掷！"

元军集精舰"白鹞子"千艘，猛攻阳逻堡三日，没有占到任何便宜。眼见阳逻堡城坚壁厚，强攻不可能得手，伯颜拟以三千骑连夜乘舟直趋上游为捣虚之计，突袭南岸。

阿朮表示赞同："攻城，下策也。如分一半军船循岸西上，泊青山矶（今湖北武汉东北方长江南岸）下，伺机而动，可以击破宋军。"

计定,伯颜派阿里海涯与张弘范率军进逼阳逻堡。夏贵闻讯,马上率军赴援。阿术本人率一支精锐,溯流四十里至青山矶。是夜大雪如鹅毛,元军行踪诡秘,未被宋军察觉。黎明时分,阿术在舟上下令诸军先下水上岸,战马随后而行。元军前锋史格刚刚上岸,就遭到宋军都统程鹏飞的迎击,一下子被杀掉三百多人。

阿术见势危急,立刻麾兵继战,双方大战,程鹏飞寡不敌众,稍稍后撤。元军凭借近岸的数处沙洲,纷纷登岸,人越集越多。不久,战马也涉水上岸。元军上马后,战斗力更强,宋将程鹏飞身中七创,不支败走。阿术乘势猛击,得守船千余艘,并于江中架起浮桥,元军成列得渡。

伯颜闻讯大喜,立即指挥诸将猛攻阳逻堡。赴援的宋将夏贵听说元军已经渡江,大惊失色,急引手下军船三百艘率先遁逃,沿流东下,败还庐州。

孤立之下,阳逻堡终被元军夹攻而破,宋将王达及手下八千人皆勇战而死。

本来,元军诸将想先取蕲州、黄州,阿术老将稳重,表示:"若赴下游,退无所据。不如上取鄂州、汉阳,虽迟旬日,可以万全。"

伯颜听劝,率军直扑鄂州,又施以火攻,烧毁宋军舰只

第二章 临安陷落

三千余艘，烟焰涨天，城中大恐。

宋朝的朱禩孙本来率军正在援鄂州的道上，听说阳逻堡已经被攻陷，吓得他连夜奔逃回江陵。汉阳的宋军主将王仪孬人一个，没等鄂州守军反应，他首先开城投降。如此，恃依汉阳以为屏蔽的鄂州顿成一座孤城。

投降元军的吕文焕在鄂州城下列兵，耀武扬威，向城上高喊："汝国所恃，江、淮而已。今我大元军驰骋江、淮如平地，汝辈不降何待！"

守城主将张晏然"识时务"，估摸着自己守不住鄂城，只得开门迎降。先前与元军死斗的程鹏飞无奈，也率领手下向元军投降。

除元军势盛外，宋军守将投降的另外一个关键因素还在于吕文焕这样的"榜样"，昔日如此"忠勇"的宋朝能将都向元军投降，自己才德均不如他，投降也罢。

武将皆降，鄂州唯有文人幕僚张山翁不屈，坚决不降。诸元将纷纷要杀此人，伯颜叹道"此义士也"，释而不杀。

于是，伯颜任宋降将程鹏飞为荆湖宣抚使，把宋军降卒分隶手下诸将，从寿昌运取四十万斛充为军饷。又命阿里海涯率四万元军留守鄂州这一战略要地，而后，伯颜与阿尤统大军东下，直趋南宋都城临安。

幸好，元将阿里海涯以"不好杀"著称，严禁元军暴掠当地民众，鄂州宋民总算喘口大气。

元朝大军南进扑往临安之时，已是1274年的岁尾。

南宋大将程鹏飞降元后，也很卖命，亲至黄州招降当地宋军守将，黄州不战而降。不久，蕲州守将也以城来降，有样学样。当时沿江诸郡皆吕氏（吕文德兄弟）的部曲，望风款附。

贾似道庇护吕氏子弟，又不把这些人从这些战略要地调走。元军一到，时在江州的吕文焕侄子吕师夔（吕文德之子）马上献城向伯颜投降。紧接着，德安府、六安军、南康军的宋朝主将皆降于元军。

特别无耻的是，吕师夔在江州掠得两个美貌的宋宗室妇女，盛饰以献伯颜。结果，碰了一鼻子灰。伯颜大怒斥道："我奉天子之命，率义师吊民伐罪，岂敢以女色沮我志！"即刻下令，把两个美女斥遣回江州。

鄂州既破，宋廷内外大惧，群臣纷纷上疏（这回不是暗中受指派），强烈要求"师相"贾似道亲自出来指挥作战。不得已，也找不到任何推辞的借口，贾似道只得在临安开都督府，以孙虎臣（当年鄂州守战时曾"护送"他去黄州）总领诸军，任黄万石为参赞军事。同时，贾似道从封桩库中调取黄金十万两、白银五十万两以及关子一千万贯充当"办公费"。

第二章 临安陷落

南宋德祐元年（公元1275年）春，元军节节胜利之时，刘整却自己与自己较劲，活活气死。他的死，当然不是悔恨引狼入室而死，而是因自己没有为新主子立头功愤恨而死。本来，元军大举南侵，首以刘整和吕文焕两名降将打头阵，但不久元廷就命令刘整另率一支军队出师淮南。刘整当时雄心勃勃，很想先渡江占个先机，他对伯颜讲："大军从襄阳、樊城方向东下，宋朝会拼出老本西拒，其东部防线一定空虚，假使我们出一军径直打向临安，肯定大功告成！"

伯颜稳重，说："我受诏而来，不想分散太多兵力，现在渡江为时尚早。"

无奈，刘整只得依照元军统帅的命令率骑兵队伍进攻南宋的无为军，日久不克。结果，待得到吕文焕单骑降鄂州的消息时，刘整惭怒异常，叹道："统帅（伯颜）约束我，使我不能立首功。善作者不必善成，果然如此！"

刘整气恼成疾，突发脑出血而亡。

元军刚死了一个刘整，又迎来一个新的补充人员——时知安庆府的贾似道女婿范文虎。这个大草包以州城守军向元军投降。范文虎在南宋与元朝打仗是草包，降元后一下子变得忠勇卖力外加高效率。当然，他最精彩的"大功"是日后元朝二次东征日本时一仗损失十万余兵士的巨败。

其实，伯颜克鄂州后，得知安庆城地处山顶，城坚池深，兵精粮足，认定此地将是元兵付出代价最大的地方，整日为此忧心忡忡。结果，没等派出信使入城招降，范文虎自己倒主动派人送密信，表示："（元朝）行枢密院临城招谕，众心不从，（我范文虎）愿俟丞相（伯颜）。"

天上掉下如此大馅饼，真让伯颜喜出望外。

贾似道方面，本来心中最忌惮的是刘整。听到刘整死讯，贾似道顿时来了精神头，大叫"天助我也"！马上出师临安，从诸路抽调精兵十三万随行，金帛辎重，舳舻相衔百余里。

9. 宰相原来不知兵

作为宋军主帅的贾似道兴冲冲前往战场，准备打个大胜仗。岂料，行至安吉州（今浙江湖州），贾似道本人所乘超豪华指挥巨舰忽然搁浅，士兵千人牵拽，纹丝不动，贾似道只能换乘他船悻悻而去。

贾似道一行浩浩荡荡由新安池口往前推进，在芜湖扎营。如此"盛勇"而来，贾似道到了这个时候首先想到的不是打仗。他安营后第一件事，就是派人到降元的吕文德之子吕师夔处，想让此人拉皮条与元朝"议和"。

不久，见吕师夔没什么回音，贾似道又找来一个受伤被俘的元兵，好吃好喝招待，给予许多金银，派此人携荔枝、

第二章 临安陷落

黄柑等土产馈送伯颜,并派人入元军大营,表示南宋要向元朝"奉岁币,称臣"。

阿尤当即就劝伯颜:"宋人无信(指贾似道扣使不履约之事),唯应速速进兵。如果舍贾似道不击,恐怕已降附的州郡会接连反叛。"

伯颜对此非常认可,派人回复贾似道说:"我大军未渡江时,还可商谈入贡议和之事。现在,沿江州郡皆降附大元,果真有和意,(贾似道)应亲自来大营面议。"

贾似道当然不敢来。

元军首先进攻池州(今属安徽)。大军未到,宋朝池州知州王起宗早已率家眷逃走,临跑也不打招呼。通判赵卯发代理州政,修城备粮,准备固守。待元兵临城,城内的宋军都统张林胆怯,屡次示意赵卯发出降。赵通判义愤填膺,瞋目怒视,张林不敢再言,但私下派人向元军表示自己将率守军投降。

赵卯发发觉后,知道事不可免,就设宴招待故旧亲友与大家诀别。席间,赵通判对妻子雍氏说:"州城将破,我为守臣,义当死之,你可先行出走。"雍氏泣言:"君为忠臣,难道我不能为忠臣之妇吗?"赵卯发笑道:"临难一死,非妇人女子所能也。"雍氏刚烈,表示:"我要死在您之前!"

转天早上,元军薄城,都统张林投降。

赵卯发从容不慌，冠服一新，用笔写下数字："国不可背，城不可降。夫妇同死，节义成双。"然后夫妇二人以一带在厅堂自缢殉国。

伯颜闻讯，大加叹息，命人厚葬赵氏夫妇，亲祭其墓。

贾似道方面，把七万最精锐的宋军交由孙虎臣统掌，自己先在池州下游丁家洲驻扎。不久，命老将夏贵统战舰二千五百艘横亘于江中，贾似道自率后军在鲁港（今安徽芜湖西南）屯军。可叹的是，夏贵本人自鄂州败后，特别怕贾似道的督府兵取胜，一来彰显自己的败迹，二来宋军大胜后肯定秋后算账要治他的败军之罪，加上孙虎臣资格远逊于自己，现在竟成"总指挥"，夏贵更是怏怏不乐。由此，夏贵不仅没有斗志，而且心怀鬼胎。

大战之前，先前被罢的汪立信又被委任为江淮招讨使，派去建康募兵以援江上诸郡。至芜湖，汪立信与贾似道相遇。贾似道执其手而哭："不用公言，以至于此！"汪立信答道："平章，平章，瞎贼（自称）今日更说一句不得！"

贾似道问汪立信此行有何打算，汪立信说："今江南无寸土干净，我去寻一片赵家地去死，只为死得有义有节！"后来，这位汪先生行至建康，见守军悉溃，四面皆元兵，知事不成，只得率其所部千人至高邮，想就此控引淮南，再做打算。

本来，如果贾似道主动出击已经久斗疲惫的元军，还有取胜的可能。伯颜狡猾，虚张声势，派人在江上摇摆数十支大筏，载满柴薪等引火之物，佯称要烧毁宋船，吓得宋军"昼夜严备"，根本忘了自己到此是来与元军打仗的。

修整得差不多了，元军发起猛攻。伯颜分步兵与骑兵夹岸而进，指挥战舰合势直冲孙虎臣军。当时，与孙虎臣对阵的是阿尤所统元水军，闻令下，元军首先连发巨炮，先对宋军展开一番炮击，宋军辎重营帐登时被毁不少。

接着，阿尤指挥轻型划船数千艘，乘风直进，呼声震动天地。宋将孙虎臣手下先锋大将姜才勇敢，持枪率军与元军接战。此时，身为统军的孙虎臣不仅没有坚守岸上大营擂鼓指挥，反而慌忙跑向岸边，爬软梯登上他爱妾所乘的快捷小舟，仓皇而去。宋军将士见状，大呼"步军统帅跑了"，一时间军乱。

宋将夏贵方面，面对数千元军蚂蚱小船，他的坚船大舰在水面占有很大的优势，本可以奋力抵击。但夏贵私心甚重，不战而逃，他自乘一叶扁舟，飞也似的狂逃。逃至鲁港水面，正好掠过贾似道的指挥舰，夏贵大呼道："敌众我寡，势不支矣！"

闻此言，贾似道惊慌失措，不仅没有下令组织迎击元军和阻遏溃军，反而令人鸣金收兵。

忽然之间，元军水陆杀至，老贾又鸣金，宋军一轰而败，杀溺而死者不可胜计，军资器械，尽为元军所获。

狂逃一百多里，贾似道才敢喘口气。正好夏贵小舟已先到，老贾便招其上船议事。没说几句话，孙虎臣也登船，进门就拊胸大哭，说"我军无一人用命抵敌"，完全不讲他自己未战先逃之事。

夏贵见这位步帅的狼狈样，禁不住笑道："我可是血战一场，抵挡了好大一会儿！"

贾似道此时不敢追究二人败绩，只得向二人问计。夏贵扔下一句话："诸军皆胆落心寒，不能复战。您可入扬州招溃兵，迎圣驾于海上，我本人会死守淮西。"言毕，夏贵扬长而去。

于是，贾似道、孙虎臣二人单舸走扬州。转天，宋军溃兵蔽江而下，贾似道忙派人登岸，扬旗招唤，竟无一人响应报到，不少人还冲船上高言大骂。至此，南宋十三万精兵，除被杀和淹死水中以外，全部解体。

此后，贾似道跑到扬州，上书谢太后要求迁都，并发檄要诸州郡"海上迎驾"。惶急之余，谢太后与大臣商议后，没有应从。宋廷下诏各地派兵勤王，大多不至，唯郢州守将张世杰率兵入卫，沿路收复饶州。不久，有湖南提刑李芾率三千人入援。

第二章 临安陷落

南宋勤王诏下,身在赣州的文天祥捧诏涕零,召集郡中豪杰及当地土兵,集众万人入卫,被授予江西安抚副使、赣州知州。有人劝他:"今元军三道大入,君以乌合之众万人赴之,何异驱羊群而搏猛虎!"

文天祥痛心疾首地说:"我也知此情,但国家养育臣庶三百余年,一旦有急,征天下之兵,无一人一骑入关者,令人深恨!我不自量力,决心以身殉之,希望天下忠臣义士可闻名而起,如此,社稷庶可保全。"

文天祥,字宋瑞,又字履善,吉州庐陵人(今江西吉安)。其人"体貌丰伟,美皙如玉,秀眉而长目,顾盼烨然",是一个魁伟白皙的美男子。

二十岁时,文天祥举进士,对策集英殿,以"法天不息"为题,洋洋万言,一挥而就。当时的皇帝宋理宗看到他的试卷之后,大喜过望,钦点文天祥为第一,成为皇帝御题的头名状元。不久,因丁父忧(为父守丧),文天祥回到家乡。二十五岁时,时为刑部郎官的文天祥直言上书,要求皇帝斩杀主张迁都避敌的太监董宋臣。而后,因敢言有为,文天祥宦海沉浮,屡屡遭到罢官。

贾似道掌权的时候,文天祥替皇帝撰写行制文,对这位贾宰相秉政要君等行为言多讥讽。为此,贾似道大怒,指使台谏官员罢斥文天祥,强迫这位直言的大臣"致仕",当时的文天祥才三十七岁。

这次小皇帝宋恭帝下诏天下勤王,文天祥已经在家乡退隐两年之久。

本来,文天祥状元及第之后,生性豪华,平生自奉甚厚。但一闻国难,他马上尽出家资,以为军费,为国效力。

得悉贾似道大溃消息,身在建康的汪立信置酒与宾僚诀别,又向朝廷上绝命表,然后自杀殉国。当地留守宋将马上献城降元。太平州、和州、无为军、涟州等宋朝守臣,也相继降元。

元至元十二年(公元1275年)四月,伯颜大军占领建康。

先前依附贾似道得以一路猛升的陈宜中,以为贾似道已死于乱军,便上书谢太后,要朝廷正其误国之罪。宋朝的传统就是一直不杀文臣,谢太后表示不忍以一场败军之罪诛士大夫,认为此举失待大臣礼,于是,南宋朝廷只下诏罢贾似道在朝的官职。

至此,贾似道终于开始了他的倒霉运程。同时,陈宜中开始清理朝中贾似道之党羽,尽皆窜逐于外。

陈宜中执政后,先放还被贾似道拘禁十多年的元朝使者郝经回国,同时以朝廷名义诏谕叛将吕文焕、范文虎等人,让他们"协助"南宋与元朝通和。

可悲的是,宋廷一面要讲和,一面又无力约束各地将

第二章 临安陷落

官,几拨元使走到半路,均被各地的宋军杀掉,犯了"外交"大忌。

夏日即临,忽必烈下诏伯颜,认为时方暑热,已经取得关键性胜利,俟秋后再举大兵。为此,伯颜马上回奏:"宋人之据江海,如兽保险。今已扼其吭,纵之则逸而逝矣。"

忽必烈深觉有理,诏伯颜以行中书省驻建康,阿尤驻扬州,绝宋朝淮南之援。于是,伯颜分兵四出,一步一步收紧对临安的包围。其实,忽必烈当时暂对南宋"停战"的想法绝非因为天气原因,恰恰是因为蒙古内部统治不稳,他的注意力还大半放在北方,准备彻底搞定诸王后再灭宋。恰恰是伯颜一席话,使得忽必烈决定先南后北。

一时之间,平时大读圣贤书肆口天理人心的宋朝各地官员纷纷降元,广德军、岳州、滁州、宁国府等地皆投降,最终连镇守江陵的南宋京湖宣抚使朱禩孙和湖北制置副使高达也献城降元。如此战略大郡,不战而降,对南宋各地的文武守臣心理震撼甚巨。不久,刚刚投附元朝的朱禩孙又发檄各部号召"归附",于是归、陕、郢、复、鼎、澧、辰、沅、靖、随、常德、均、房诸州,相继而降。

本来,阿里海涯一支孤军守鄂州,元朝一直忧心江陵宋军会合军进攻。至此,荆南大定,元军再无后顾之忧。

为此,忽必烈手诏褒奖进攻江陵的阿里海涯,并授叛将高达为参知政事,召朱禩孙入上都面圣。但朱禩孙刚刚走到上都地界就病死,无福见到新朝天子的"龙颜",却落下万世千载降叛之臣的骂名。

元兵东下,所过皆降,唯独宋将李庭芝率部固守扬州。李庭芝斩杀元朝派来招降的军使,并出金帛牛酒宴犒壮士,誓以死守。为此,扬州士民人人感激自奋。其手下姜才(原为孙虎臣前锋)更是频频出城与元兵交战,屡败屡战,身先士卒,身中多创,仍带伤勇斗。

八月间,身为保康军承宣使、总都督府诸军的张世杰领平江都统刘师勇和知泰州的孙虎臣率宋军水军战船万余艘,次于焦山南北广阔的江面。此前,他约张彦从常州率军趋京口(今江苏镇江),约李庭芝统军出瓜洲(今江苏扬州东南),准备三路并出与元军决战。结果,张、李二人皆因故失期,只有张世杰孤军与元军对阵。

10. 浴血奋战拒元兵

宋将张世杰,久处军旅,秉性忠勇,但军事指挥方面却属平庸之才,特别是水战方面,他更是外行。为示必死之心,他下令以十船为一舫,铁索互连,沉锚于江,非有军令严禁起锚。如此,则给元军留下了最佳的火攻机会。

元朝大将阿朮登石公山眺望宋军水阵，立刻大笑："可烧而走也！"于是，他先遣元军善射者乘巨舰进逼，火矢雨发，宋军一时间篷樯俱焚，烟焰蔽江。

宋军兵士死战之余，欲逃不能，多赴江而死。元朝张弘范、董文炳等汉人将领又豁命冲杀，张世杰最终不支，与刘师勇、孙虎臣二人分头败走。

此战过后，元军获宋水军"白鹞子"精舰七百余艘，杀伤宋军无算。

当时元军进攻的态势是，伯颜统主力直杀临安；阿里海涯攻湖南；宋都带等人攻江西并一举断绝宋朝东西纽带；阿朮攻扬州方向，阻止宋军从淮东方向援临安。

危难之际，宋廷把文天祥招至临安，任为兵部尚书。文天祥立刻上书，献计献策："本朝惩五季之乱，削藩镇，建都邑，虽足以矫尾大之弊，然国以浸弱，故敌至一州则一州破，至一县则一县破，中原陆沉，痛悔何及！今宜分境内为四镇，建都督统御于其中，以广西益湖南而建阃于长沙，以广东益江西而建阃于隆兴，以福建益江东而建阃于番阳，以淮西益淮东而建阃于扬州。责长沙取鄂，隆兴取蕲、黄，番阳取江东，扬州取两淮；地大力众，乃足以抗敌。约日齐奋，有进而无退，日夜以图之，彼（元军）备多力分，疲于奔命，而吾民之豪杰者，又伺间出于其中，如此则敌不难却也。"（《续

《资治通鉴》卷一八二)

疏上,大臣们朝议之时,竟然都认为文天祥的建议太过迂阔,没有接纳他的意见,只命文天祥知平江府。由此可见,宋廷确实无人,其实真正"迂阔"的,正是庸庸执政朝臣。

十月间,伯颜把元朝大军分为三路,伯颜本人自统中路军,以吕文焕为向导,趋常州、平江(今江苏苏州);阿剌军为右路,从建康经由溧阳等地进攻独松关(今浙江安吉);张弘范、范文虎率左路军统水军经江阴等处由海路进攻澉浦(今浙江海盐)。

元军兵锋所向,宋军不支,先前配合张世杰作战的孙虎臣在泰州战败自杀;张彦在吕城也战败,被捕后降元。

元帅阿术攻扬州,广筑长围。城中食尽,死者枕藉满道,但守将李庭芝死志益坚。

此时,元军统帅伯颜命大将阿塔海为前锋,猛攻常州。常州势急,宋廷派将军张全领兵两千赴援,文天祥自平江也遣部将尹玉、麻士龙、朱华三人各率一千兵共三千军士增援。结果,麻士龙首先遭遇元军,血战虞桥(今江苏常州东南)。关键时刻,宋将张全见死不救,麻士龙不支战死。朱华一军驻扎五牧(在虞桥以东),想掘沟堑筑鹿角抵拒元军,张全又不许。元军很快赶至,双方激战,斗至傍晚,胜负未分。相斗之间,元军分出一部绕到山后,直扑尹玉一部宋军,双方

文天祥画像

恶战，尹玉手下宋兵英勇，杀元兵千余人，打得难解难分。但是，张全所率两千京兵隔岸观斗，不发一矢相援。最终，尹玉部寡不敌众，不支败走。

诸部败逃宋军争相奔至张全泊在河中的大船，想要搭船，张全忙下令军士砍断扒船溃军的手指，张帆奔逃而去，宋军溺死者甚众。

宋将尹玉见撤退无望，就召集残卒五百人，集合之后，忍饥挨饿，重新冲入战场与元兵激战，自夕达旦，多杀元军人马。尹玉本人虽力竭，仍手杀数十元军，最终伤重被执。元军恨透了这位勇似战神的宋将，横四枪于他的头顶，以棍击杀。尹玉部下宋军，为这位将军血勇志气感动，最终全部苦战而死，无一人投降。

元朝右路军一路皆捷，连克溧水、溧阳、东坝（今江苏高淳）、四安（今浙江安吉北）。元朝左路军也攻占江阴。

大惧之下，陈宜中急忙在临安籍民为军，召文天祥自平江入卫。

伯颜率军包围常州，宋朝知府姚訔与陈炤等诸将全力固守。见招降不成，伯颜下令攻城。元军驱使常州城外百姓运土为垒。送土至阵地后，残忍的元军立杀运土者，以人尸为填充物，并土筑之，很快建起长围。同时，元军残杀当地居民无数，抛入巨大的铁锅中熬成人油，然后放入陶罐中，将炽热的人油以抛石机抛向常州城墙，烫死烫伤不少宋朝守军。连攻两个昼夜，元军人海战术成功，常州陷落，知府姚訔战死。

陈炤等宋将不屈，仍率兵巷战。有人劝他们可从东门突围，陈炤慨言："去此一步，非死所也！"最终，常州南宋守军除八骑突围外，全部英勇战死。

第二章 临安陷落

伯颜见元军损失惨重，大怒，下令杀掉数万百姓，鸡犬不留。

一周之后，元军攻独松关，守将张濡逃跑（这个人是陷害岳飞首谋之一张俊的五世孙）。由此，邻近宋军皆望风而走。不久，许浦、安吉州皆为元军所破。

文天祥、张世杰上疏谢太后，请帝室出避海上，不听。当时陈宜中主政，他不能筹措一策，只知道上蒙下蔽，最终使得将士离心，郡邑降破。

眼看元军步步逼近，宋廷别无他法，旧伎重施，派出柳岳为使臣，到无锡的元营见伯颜乞和。柳岳先是对元使被杀之事深深道歉，表示他们是"为盗所杀"，与宋廷无关。接着，柳岳哀乞道："嗣君冲幼，服孝未满，自古礼不伐丧。两国关系发展到今日这种地步，皆奸臣贾似道所为。"

伯颜根本不听这一套，立驳道："汝国执戮我使臣（指拘郝经、杀使者等事），大元才因此兴师来伐。钱氏（吴越）纳土，李氏（南唐）出降，皆汝国昔日所为。汝国得天下于小儿（指赵匡胤篡后周柴荣之子恭帝之位），亦失之于小儿（指当今的宋恭帝）。天道如此，尚何多言！"

柳岳回朝复命，廷臣们长吁短叹，乱成一锅粥。不久，宋廷下诏"追封吕文德为和义郡王"。读者看到此处，肯定以为笔者行文有误，或认为宋廷臣子们大多得了失心疯，何以把一族皆叛的死人吕文德追封为王？而且，先前数月，继吕文焕、吕师夔等人降元后，吕文德的另一个弟弟五郡镇抚使吕文福也杀宋使降元，几乎整个吕氏家族皆成为元人的鹰犬，且一路充当向导，为害日益。宋廷在吕文福叛变后，才下令对吕氏家族在临安的资产进行查抄，怎么会忽然又追封吕文德为郡王呢？

此举，也是事出无奈，宋廷还封没逃掉的吕文德之子吕师孟为兵部侍郎，想借此来打动吕文焕等人，幻想这些人向蒙古主子说好话，答应南宋的乞和之议。

慑于元军的屠戮军声，身在临安的南宋大臣之中有数十高官皆悄悄逃离临安，甚至主管军事的签枢密院事文及翁和倪普也脚底抹油。这两人先让与自己关系好的台谏官"弹劾"自己，好使得自己能以被"贬逐"的理由出走临安。

害怕之下，弹劾章疏未上，两个人就已经携家眷翻蹄亮掌绝尘而去。谢太后闻知此事，又悲又气，派人在朝堂上立大榜，诏示如下："我朝三百余年，待士大夫以礼，吾与嗣君（宋恭帝）遭蒙多难，尔大小臣工，未尝有出一言以救国者，内而庶僚，畔官离次，外而守令，委印弃城，耳目之司既不能为吾纠击，二三执政又不能倡率群工，方且表里合谋，接踵宵遁，平时读圣贤书，自许谓何？乃于此时，作此举措，生何面目对人，死亦何以见先帝！天命未改，国法尚存，其

在朝文武官，并转二资，其负国弃予者，令御史台觉察以闻。"(《宋史纪事本末》卷一百六）

谴责声中，也透露出寡母孤儿的无奈与悲怆。

无奈之余，文天祥被宋廷任命为"签枢密院事"，主持军政大局，收拾残局。

这个时候，南宋在临安的高官纷纷而逃，但宋朝地方文臣武将中却不乏忠勇报国之人。当时，坐镇江西的方面大官、先前一直排抑文天祥的宋臣谢万石降元，其属下都统米立率众苦战，力竭被俘。元人看重这位好汉子，派谢万石亲自去狱中劝降。谢万石对米立说："你看我，曾权高位重，所任官职之多，在一张牙牌上都写不完，但现在也向大元投附。你一个小小军将，何以不降呢？"米立凛然答道："侍郎您（谢万石兼兵部侍郎）乃国家大臣，米立只是一名小卒。但我自思数世皆食宋禄，赵氏危亡，我有何面目苟生求活？加之我力战不支被擒，本应死国，与您这样的投拜之人不同！"谢万石惭愧，又不得不劝。

米立不屈，最终为元兵残杀。

至于潭州方面，先前与文天祥一起响应勤王的李芾以湖南安抚使及潭州知州的双重身份死守潭州，苦战苦撑，固守了三个多月。元将阿里海涯气急败坏，射书城中威胁："速开城门投降，否则屠城！"宋军将士以箭雨"回复"。

阿里海涯甚怒，派兵掘挖潭州护城河堤，待水半干后大竖攻具，指挥元兵死拼登城。激战之中，宋军抛石发弩，一箭正中阿里海涯肋下，这名色目将领凶悍勇猛，督战益急，手杀数名从城墙下撤回的元兵，促逼军士拼死进攻。

城中大窘，力不能支。宋军诸将见势急，泣请道："潭州城将不保，我们军将为国而死不敢辞，但城内百姓怎么办？"

李芾双眼冒火，骂道："国家平日厚养汝辈，正为今日！汝等只管死守，勿思其他，再有敢言降者，定杀不饶！"

此时，正值德祐二年（公元1276年）大年初一。新年伊始，原本应该张灯结彩过大节的潭州军民，却在冒矢雨，临刀刃，拼死守城。

11. 力不能支临安降

南宋的衡州知州尹榖当时全家皆在潭州城，得知元兵蚁附登城，他仍旧为两个儿子行成人冠礼。有军将见此，劝说道："现在都什么时候了，还行此迂阔之事！"

尹榖回答："我行此礼，只是想使儿子辈以冠带礼服见先人于地下啊！"

礼毕，尹榖积薪遍户，身穿朝服，望临安方向行拜后，纵火自焚。全家老幼数十口，壮烈殉国。

守城的南宋主帅李芾闻讯，驰马赶至，以酒祭奠，慨言道："尹务实（尹榖号务实），真男儿！先我就义。"于是，他连夜大会宾佐幕僚，纵酒诀别，仍以"尽忠"为当夜口令。

凌晨时分，元军已经杀入城。李芾唤其帐下将沈忠，对他说："我守城力竭，分当死国。我一家人也不可为俘囚受辱，你先为我尽杀之，最后杀我！"沈忠伏地叩首，表示自己下不去手。李芾厉声要沈忠执行命令，沈忠泣而允诺。

李芾集全家于庭院，告之众人殉国之意，然后以酒相劝。尽醉之后，沈忠依命杀掉李芾全家。最后一刀，含泪砍掉李芾头颅。而后，沈忠纵火，火葬了忠臣一家。接下来，这位沈忠自己纵马回家，含泪忍痛，手刃爱妻与两个儿子。然后，他又回到正熊熊燃烧的李芾府宅，大恸之后，拔剑自刎。

李芾作为南宋高官，手下幕僚甚多，闻讯多自杀。潭州人民得知主帅殉国，多举家自尽，致使当时的潭州城城无虚井，许多老百姓自缢于林木之间，累累相望。确实是感于李芾大人等宋朝将帅的忠烈之气，也深知元军的残忍，最终潭州人民意气慷慨，大多以身殉国。

先前一直有"不嗜杀"之名的元军大将阿里海涯本想遍屠潭州之民，因附近诸城未下，经汉人僚属劝告，暂忍杀心。由此，袁、连、衡、永、郴、全、道、桂阳、武冈等地皆降。

此时，元军诸路克捷，诸将很想到南宋都城去抢东西，

南宋李嵩《月夜看潮图》,描绘南宋临安中秋夜观海潮情形

争着要杀往临安。

　　元朝的汉人郎中孟祺劝伯颜:"宋人之计,唯有窜往闽地。如马上大兵压境,宋帝室肯定立即逃窜。临安无主,城内可能盗贼四起。如此,临安三百年之积蓄,将焚荡无余。不如先以计策安抚宋室,令其不会因惧而逃,相待时日,可全取临安。"

第二章 临安陷落

伯颜点头称是，稍稍缓兵。

宋廷方面，已经是惊惧至极。宰相陈宜中派陆秀夫去平江见伯颜，表示可以向元朝称侄或称侄孙，哪怕最后"奉表求封为小国"，只要元朝能止兵，一切都答应。

对此，伯颜仍不答应，非坚持要宋"称臣"。

陆秀夫归回临安复命，谢太后为此泣言："苟存社稷，称臣也可以。"

当时，谢太后等人还存有幻想，以为对元朝奉表称臣上尊号献岁币，还可以保存原有境土。

文天祥有远虑，他深知元人无信，马上上疏，请谢太后允许宋恭帝的一兄一弟出临安，吉王赵昰赴闽，信王赵昺赴广。谢太后同意，进吉王为益王，判福州；信王为广王，判泉州。以驸马都尉杨镇和二王两个舅舅"提举二王府事"。由此，两个娃娃王爷，即将开始他们颠沛流离的生活。

陈宜中见元人不允和议，计无所出，只得率群臣入宫见谢太后，请求迁都避祸。

谢太后开始不允，陈宜中等人"恸哭以请"，谢太后终于答应，回内宫立命宦者、宫人收拾行装。结果，等到夜晚，却不见陈宜中等人来接驾。

谢太后大怒："我本不想迁都，大臣数以为请。今我欲行，众人又不至，是骗我这个老妇人吗？"

急怒之下，谢太后闭门在宫，不见大臣。其实，陈宜中本来是想转天一早成行，情急仓促之下，忘了告知谢太后出发时间，使得谢太后因空等大发雷霆。

元军方面，在正月十八日已经三路会师，扎营于临安以北的皋亭山，真正是兵临城下。

文天祥、张世杰上疏请帝室入海避兵锋，表示他们二人将率守军背城一战。陈宜中不许，经与谢太后商量，派人携传国玉玺出城交与伯颜，准备投降。

至此，宋廷由议和，变成了议降。

伯颜让人读译宋朝降表，对以宋恭帝名义上呈的降表内容非常满意："宋国主（赵）㬎谨百拜奉表言：㬎眇然幼冲，遭家多难。权奸贾似道，背盟误国，至勤兴师问罪。㬎非不能趋避以求苟全，今天命有归，㬎将焉往！谨奉太皇太后命，削去帝号，以两浙、福建、江东、（江）西、湖南、二广、四川、两淮现存州郡，悉上圣朝，为宗社生灵祈哀请命。伏望圣慈垂念，不忍㬎三百余年宗社遽至殒绝，令赵氏子孙世世有赖，不敢弭忘！"（《宋史纪事本末》卷一〇七）

本来，身为国相的陈宜中应亲自出城到元营议降，但此人奸诈胆小，竟然在定下投降"大计"后置帝室及临安于不顾，连夜逃走，跑到温州清澳躲避。

张世杰见宋廷不战而降，率所部离去，屯军定海，以观

第二章 临安陷落

形势。

文天祥等人出城，在明因寺见伯颜。文丞相状元出身，起初仍想以口辩说服伯颜退军，以保全残宋社稷。文丞相说："本朝承帝王正统，衣冠礼乐之所在，北朝（指元朝）将以本国为属国呢，还是想毁我社稷宗庙呢？"

伯颜："社稷必不动，百姓必不杀。"

文天祥："北朝若有意保存本朝，请退兵平江或嘉兴，然后再商议岁币与犒师之事。如此，北朝可全兵而返，此为上策；如果北朝想毁我宗庙，灭我国家，则淮、浙、闽、广等地大多未下，成败还不可知，如此，兵连祸结，胜负难料！"

出乎伯颜意料，文天祥这个"亡国宰相"如此抗言直陈，让人愠怒。

于是，伯颜语气强硬，威吓文天祥。

文天祥丝毫不惧，大怒说道："我乃南朝状元宰相，但欠一死报国，刀锯鼎镬之逼，又有何惧！"

一句话，噎得伯颜词屈。在座元朝诸将面面相觑，个个按剑而起，大有杀文天祥之意。

伯颜见文天祥风仪俊爽，举动不常，心知此人定是豪杰人士，便遣返其他宋使，独留文天祥于元营。文天祥大怒，数次请归，诘问伯颜："我来此议两国大事，为何扣留我？"

伯颜笑称："请君勿怒。君为宋大臣，今日之事，正当与我共之。"话虽如此说,伯颜令元军两名大将率军卒对文天祥严加看守。

临安方面知事不妙,驸马都尉杨镇等人忙乘间奉益王、广王两个孩童出走婺州。伯颜闻讯,立刻派范文虎率军追赶。

南宋德祐二年(公元1276年)二月初五,宋恭帝率百官诣祥曦殿,向元阙方向跪拜上表,正式向元朝举行了投降仪式。

元军统帅伯颜取南宋谢太后手诏,晓谕天下州郡降附。为此,南宋臣子汪元量有诗讥讽道:"乱点连声杀六更,荧荧庭燎待天明。侍臣已写归降表,臣妾佥名谢道清。"(《醉歌》)

而后,宋廷发出文告,罢遣文天祥等部勤王兵,以贾余庆为右丞相兼枢密使(此举并无实际意义,只是表示宋廷告降官员品级之高),刘岊同签枢密院事,与吴坚等人并充"祈请使",准备诣元大都告降。可叹的是,贾余庆凶狡残忍,刘岊狎邪小人,乘时得窃美官,他们心想使毕即归,洋洋不以为意。

至此,伯颜引文天祥与即将前往大都告降的宋臣共坐。文天祥悲愤至极,面斥贾余庆等人卖国,并指责伯颜失信。陪坐的吕文焕充好人,从旁劝解。

文天祥瞋目斥之:"汝吕氏家族世代受国厚恩,不能以死报国也罢,竟肯阖族为逆,岂不羞乎!"言毕,文天祥离

第二章 临安陷落

席而去。

惭怒之下，吕文焕与贾余庆等人共劝伯颜拘押文天祥。伯颜把文天祥押往大都拘禁。

受降当日，元朝大军皆屯于钱塘江沙岸上。在临安的宋朝百姓，心中都希望时节潮至，可把元兵"一洗空之"。奇怪的是，本该生潮的钱塘江，竟然大潮三日不至，真让人怀疑是否天道冥冥，听任宋朝亡国。

元军统帅伯颜遣人入临安，尽收宋朝衮冕、圭璧、符玺及宫中图籍、宝玩、车辂、辇乘、卤簿、麾仗等宫廷禁物，催促全太后、宋恭帝、宗室高官以及宫人皆北行大都，去"入觐"忽必烈（谢太后因病暂不行）。

为此，汪元量有诗叹曰："谢了天恩出内门，驾前喝道上将军。白旄黄钺分行立，一点猩红似幼君。"（《湖州歌九十八首（其四）》）

伯颜兴致勃勃，亲自率领人马进入临安，建大将旗鼓，观潮于浙江，又登狮子峰，观临安形势，可以说是志满意盈。高兴之余，对于伯颜而言，又传来一个好消息：宋将夏贵以淮西之地归降元朝。

夏贵时年已过八十岁。由于他降元，在《宋史》中无传。他降元后，又无事迹，故《元史》中也无传。夏贵此人，人品虽不好，但二十年间东奔西走，南来北往，终日与元军角战，攻略八方，战阿朮，败董文炳，斗刘整，敌伯颜，南宋半壁河山之苟延，实有他一大份功劳。入元后，夏贵才苟活两三年，即生病而死。时人讥讽他为臣不忠，作诗曰："享年八十三，何不七十九。呜呼夏相公，万代名不朽。"（无名氏《吊夏贵墓》）

另外还有一首诗，更加直白，指斥他在元人许其以淮西一道"养老"的利诱下而投降的丑恶："节楼高耸与云平，通国谁能有此荣。一语淮西闻养老，三更江上便抽兵。不因卖国谋先定，何事勤王诏不行。纵有虎符高一丈，到头难免贼臣名。"（见蒋正子《山房随笔》）

相比文天祥、李庭芝、李芾等忠烈，夏贵老将白忙了一世，最后关头掉链子，确实让人可发一叹。

12. 盖棺论定贾似道

南宋大将李庭芝在扬州闻知宋帝、宗室被掠北去，涕泣誓师，率四万人夜捣瓜洲，准备夺回被俘的少帝及全太后等人，但由于元军防备森然，他没能成功。

宋恭帝赵㬎北迁大都后，被忽必烈封为"瀛国公"。公元1282年，他又被元人迁往上都。这位儿童时期就成为俘虏的帝王在元朝活了不少年。在青年时代，为避免被害，赵㬎自求为僧，往吐蕃习学佛法，终成一代高僧，修订翻译了《百法明门论》等不少佛经。元至治三年（公元1323年），思宋亡国旧事，赵㬎（时法名"合尊"）作诗云："寄语林和靖，梅花几度开？黄金台下客，应是不归来！"

结果，有人持诗上告，元廷认为赵㬎有复国招贤之意，下诏把他赐死，时年五十二岁。我们可以想一想，宋朝以文教而兴，以文过于武而亡。可叹的是，其末帝之死，也缘于一首诗，真让人扼腕低回，思索久之。

临安的朝廷投降之后，先前外出的宋恭帝两个兄弟益王、广王一直处于转移途中，颠沛流离，而先前是宋将的范文虎将兵，追之甚急。

国舅杨镇一时间奋不顾身，让杨淑妃的哥哥杨亮节掩护二王及杨淑妃先逃，自己断后，表示："我将死于彼，以缓追兵。"途中诸人狼狈不堪，无马无轿，皆徒步而逃。最危急时刻，二王等人躲于山中七日，断水绝粮，几乎饥渴而死。凑巧的是，统制张全（先前援常州见死不救的那位）与数十军卒恰好往南逃，于是众人会合，一同逃奔温州。不久，宋臣陆秀夫等人闻讯追至，并召陈宜中来见。于是，众人推益王赵昰为天下兵马都元帅，檄召诸路忠义，同奖王室。

张世杰在定海接报之后，立刻率军奔至。

这时候，元朝已经在实际上灭亡了南宋，元军诸将皆不愿再驰往南荒战斗，元朝行省官员也大多想放弃肇庆、德庆、封州、梧州等地，认为那些地方地处僻远，没有太大军事、政治价值。

当时，很早就投附蒙古的汉人史天泽的长子史格任广西宣慰使，他力排众议，坚决不同意在两广一带放弃驻守兵马，并上疏忽必烈，为之分析天下形势，认定穷寇必追。结果，元朝最终向当地增兵益戍，致使南宋最后一丝复国的希望很快破灭。

史格出身于军事世家，他的父亲史天泽是元朝著名的政治家和军事家，曾官至"一人之下，万人之上"的中书右丞相（元朝以右为大）。元太祖八年（公元1213年），史格的祖父史秉直当时是金国将领，率领史格的父亲史天泽归降元朝统帅木华黎。所以，将门出将，史家三代人都为大蒙古国和元朝血拼。史格少年时代就参与战事，屡立战功。忽必烈坐上汗位之后，曾经派史格代替另外一个元朝汉将张弘范为亳州万户。元军攻占襄阳、樊城时，史格曾立有战功。当时元军渡江南下，平章阿术率领元军二十五个万户为前锋，每五个万户选择一人为统帅，史格就是其中之一。由此可见，史格在元军之中名声卓著。他带领部队率先渡江的时候，遭到宋将程鹏飞的阻击，当时史格全身三处受伤，士兵阵亡二百余人。不过，激战之中，宋朝大将程鹏飞也身受重伤，结果

第二章 临安陷落

是宋军败退。而后,史格跟随平章阿里海涯攻打潭州。攻城时,史格肩部受伤,后来又被弓箭射穿手掌,为了报答主子,这位汉将轻伤不下火线,包扎创伤后继续战斗,最终带兵率先攻进潭州城。由于军功卓著,他入京觐见忽必烈,被加封为定远大将军,并获赐白金和玉带。不久,史格又追随阿里海涯进攻静江府(今广西桂林)。由于静江城墙坚固,易守难攻,南宋守将马塈、黄文政、娄钤辖等人决心血战到底。元军攻城三个月,一直未能拿下。后来,史格率领元军堵江断流,决城池积水,用战车掩护,最终猛攻得手,而且在战斗中史格身先士卒,亲自高举大刀攀上城墙。占领静江之后,阿里海涯回军北返,留下史格镇守广西。在他指挥下,元军相继攻占了广西十三州以及广东的肇庆、德庆、封州(今广东封开)等地。所以,这个元朝的汉人将领,对于元朝来说可谓是劳苦功高。

南宋宰相贾似道的结局又是怎样的呢?贾似道被贬后,不仅陈宜中想杀他,台谏、皇宫侍从以及太学生均上书指斥其误国当诛。贾似道和大将李庭芝关系不错,他一直逗留扬州,不敢去别的地方。最终,由于朝臣压力太大,当时在临安主政的谢太后不得不下诏命贾似道前往婺州安置。不久,宋廷又下诏,贬贾似道为高州团练副使,到循州(今广东龙川)安置,并派人抄了他家。

为置老贾这个政敌于死地，当时的宰执陈宜中等人暗中寻找贾似道的仇人负责监押他。当时，会稽县尉郑虎臣因自己父亲曾因罪被贾似道下令发配充军，很想报仇，于是欣然报名前往当监押官。

被贬途中，贾似道寓居佛寺，身边尚有侍妾数十人。郑虎臣一到，把这些美女驱逐一空，撤去轿盖，迫使贾似道曝于秋日中，狼狈而行。一路之上，郑虎臣又让轿夫唱杭州歌，对他百般讥谑。

行至南剑州（今福建南平）黯淡滩，郑虎臣说："此处水甚清，何不自投其中以死！"

贾似道连连摇头，说："太皇太后许我不死。"

如此一路受辱，走到漳州木棉庵，气息奄奄的贾似道得了痢疾。他一日大泻数十次，仍旧不死。

押送他的郑虎臣也非常恼怒，自言道："我为天下人杀贾似道，虽死无憾！"于是，他冲入小屋，对正蹲踞在虎子（坐便器）上狂拉的贾似道一阵拳打脚踢，竟然把这位贾宰相活活打死。

可叹的是，素有洁癖且富贵荣华大半辈子的老美男子，最终死于自己的一摊稀屎之上。

得知被贬的宰相身死，当地的寺僧举火焚其尸，然后把骨灰给他儿子，贾似道终于得以归葬会稽。自被贬到被杀，贾似道迁延了七月有余。

当时的文人得知贾似道死讯，作诗讽叹说："楼台突兀妓成围，正是襄樊失援时。王气已随檀板歇，江声流入玉箫悲。姓名不在功臣传，家庙徒存御赐碑。误国误民还自误，满庭秋草露垂垂。"（见蒋正子《山房随笔》）

至于手杀贾似道的郑虎臣，后来被逃至福州主政的陈宜中派人逮入狱中，以"擅杀大臣"罪名加以处决。而当初千方百计欲置老贾死地的，正是这位陈宜中。郑虎臣杀掉了贾似道，陈宜中又以"国法"杀郑虎臣，由此可见，大奸之人之心，真是叵测。

明末清初的"贰臣"钱谦益人品不好，见识却很高。对于南宋亡国，他有其独到的评判："宋家三百年宗庙，一旦不食，所由来者渐矣！盖非独似道一人之故也。"（钱谦益《初学集》卷二八）

确实，南宋末期士大夫寡廉鲜耻，见利忘义；军人贪黩，纪律废弛；经济凋敝，人民流离；穷富悬殊，赋税不均……所有种种，如全归贾似道一人身上，似欠公允。

而且，贾似道壮年时期在鄂州（今湖北武汉市武昌区）与忽必烈的对战，其实也是可圈可点的。在公元1258年，当时蒙古大军全面侵宋，蒙哥大汗亲率主力进攻上游的四川钓鱼城，他的皇弟忽必烈率大军围攻中游的鄂州。时任枢密使的贾似道可谓临危任命,率军增援鄂州,还以右丞相身份统帅诸军。元军围城期间,贾似道为防止元军穴地攻城,审时度势,只用了一夜就在城内建成了一大圈绕城的木栅。当时的忽必烈对贾似道这个人还是十分赞赏的,所以,他还对左右人感叹说:"吾安得如似道者用之!"当时,他还斥责部下攻城诸将,道:"彼守城者只一士人贾制置,汝十万众不能胜,杀人数月不能拔,汝辈之罪也。"而且,在鄂州之战后段,宋理宗下诏要求贾似道移镇长江北岸的黄州去统领全局。当时,胆大心细的贾似道仅携七百骑就突围成功,因此,史官讲到这一段史实的时候也赞叹说:"(南宋)下游之兵始振。"即使是和贾似道政见不和的文天祥,慷慨陈词的时候,言及贾似道,也没有回避他在鄂州之战中的功勋:"鄂州之战何勇也,鲁港之遁何哀也。"

贾似道在鄂州最大的问题,出现在忽必烈退兵的时候。根据《宋史》所载,当时贾似道私自与蒙古议和,许诺向蒙古军割地赔款。恰好,当时的忽必烈得知蒙哥大汗死于钓鱼城下,确实想急于退兵,于是答应了贾似道的条件后紧急撤退。事后,贾似道对朝廷一面谎称大捷,一面拼命掩饰议和的事实,甚至还下令扣留了元使郝经。一直到多年后忽必烈继位建立大元决定发兵灭宋时,贾似道的这一阴谋才被昭告天下。但是,忽必烈所代表的元朝官方说法里,其实有几个

第二章 临安陷落

明显的破绽。其一，贾似道肯定早就知道了蒙哥汗死讯，他应该没有必要那么急于议和。因为，蒙哥汗死后不久南宋朝廷就得到消息，当时率军援川的宋朝大将吕文德更是在九月进入了鄂州，而所谓的贾似道私下议和发生在十一月，那时候的贾似道肯定也知道蒙哥汗暴死的消息，也应该知道忽必烈早晚要退兵这张底牌，所以，即使要议和，贾似道根本不需要提出如此优待忽必烈的条件。其二，蒙古方面似乎对贾似道议和一事遗忘了十五年之久。从所谓的鄂州议和发生，到大元官方第一次想起此事（《兴师征江南谕行省官军诏》），其间整整过去了十五年。尤其是指控当初贾似道的议和条件是"割江为界，岁奉银绢二十万"，只是元朝单方面的说法，南宋方面一直没有文件证明此事。

要知道，南宋王朝在巅峰时有六千万人口。人多地少，到了南宋晚期，南宋朝廷的财政非常艰难。为此，贾似道掌握中枢之后，实行打算法、公田法，他的目的还是要改革救亡。而当时的改革，势在必行。如果不改革，南宋的灭亡会更快。

由于贾似道晚年的改革主要是继续增发纸币，最终目的是改变从百姓手中强征粮食，而成为强行收购豪强之家的土地，把国家负担从贫弱户和下户转移到富有田产的豪强之家，为此，他确实得罪了当时的不少士大夫。在大多数文人士大夫的眼中，他就变得更加十恶不赦。众口铄金，积毁销骨，贾似道的名声越来越坏。

所以，后来忽必烈在元大都召见南宋一些投降的大将，问："汝等为何那么容易就投降？"这些投降的南宋将领就跪地回奏："贾似道专国，总是优礼文士而轻我辈武臣，臣等久积不平，故望风降附。"

忽必烈闻言，轻蔑一笑，说："贾似道确实看不起汝辈，但只是他一人之过。宋国国主又没有做过对不起汝辈之事，何以如此轻易辜负宋恩！依朕所见，贾似道看不起汝曹，理实应该！"

第三章

最后的挣扎

1. 临安陷落六陵被盗

南宋德祐二年（元至元十三年，公元1276年）正月，当时虽然是中国传统的春节，但在临安城的皇宫，却是冷冷清清，从上到下，人人面色凝重。

正月初四朝会，坐殿垂帘的谢太后发现大殿里的文武百官比平日少了许多，一问才知道，同签书枢密院事黄镛、参知政事陈文龙等人，都已经携家带口逃离临安。两个月以来，作为朝天宫官员的起居舍人曾唯、礼部侍郎陈景行以及权礼部尚书王应麟都纷纷弃官出逃，甚至连左丞相留梦炎也脚底抹油提前跑了。

当时，元朝左丞相伯颜率领的元朝大军已到达无锡，要不了几日，元朝大军就要到临安了。如今当朝的谢太后是宋理宗皇后，她还依稀记得，宋理宗晚年，一直都生活在元军即将攻入的恐惧当中。而后，谢太后的儿子度宗皇帝哆哆嗦嗦当了十年皇帝后，也在恐惧中去世。

自去年二月宰相贾似道在丁家洲溃败以来，每隔几天就有宋国城池失守的消息传来。如今，小孙子赵㬎才继位，眼见这宋朝的江山即将断送在谢太后自己和孙子手中了。

而先前的这场丁家洲之战，贾似道所领的最后十三万宋军家底全部报销，长江水道从此门户洞开，此后南宋沿江诸州溃不成军，建康都统徐旺荣、镇江都统制石祖勇、江阴军通判李世修、知平江府潜说友等人相继向元军投降，最后就连宋朝大将孙虎臣和夏贵也相继投降。至此，偌大的江南，守城主将或降或遁，只有常州军民苦战不屈，最后常州城破，举城百姓遭到元军屠戮，只有七人幸免于难。

到了德祐二年（公元1276年）的元宵节这天，临安城中稀稀疏疏亮起了些灯火。既然城外元朝大军兵临城下，杭州百姓自然没心思过节。亲身经历国破家亡的南宋著名词人汪元量这样描写在宋朝临安城的最后一个元宵："一片风流，今夕与谁同乐？月台花馆，慨尘埃漠漠。豪华荡尽，只有青山如洛。钱塘依旧，潮生潮落。　万点灯光，羞照舞钿歌箔。玉梅消瘦，恨东皇命薄。昭君泪流，手捻琵琶弦索。离愁聊寄，画楼哀角。"往日"万点灯火"，如今只剩下"画楼哀角"，只有钱塘江水如故，潮起潮落，人生几回伤往事，江水依旧涌寒流。

过了元宵，南宋派去元军大营议和的使臣也回来了。使臣面见伯颜时，低三下四，表示宋朝愿意向大元俯首称臣，岁贡银二十五万两，帛二十五万匹，一如当年北宋与金朝旧事,结果,被伯颜一口拒绝;使臣跪地苦苦哀求,说宋朝愿为侄孙,伯颜依旧不允。

临危受命被委任为枢密使的文天祥出使和谈,结果被扣押在元军大营。

一月十八日,元军距离临安城只有十五里。临安城中人心惶惶。谢太后无奈,就让使者带着历朝皇帝用过的玉玺,连同宋朝的降表一起送到元军大营,同时,还下令守城军士打开了临安城的大门。至此,南宋一个多世纪的国祚,终于结束了。

到了二月初四,时年六岁的宋恭宗迈着稚嫩的步伐,领着剩下没有逃跑的南宋大臣到祥曦殿集体下跪,北向拜表称臣。而后,文武百官聚集一起,都走出皇宫,来到城外的元朝军营请降。八天之后,元朝大将阿塔海带来元朝皇帝忽必烈的诏书,其中有"免系颈牵羊"之语,为此,谢太后哭着对小皇帝说:"天子圣恩,你应拜谢。"乍看上去,诏书中这位蒙古皇帝的语气颇为温和,也免去了小皇帝行那种非常有侮辱性的礼节,至此,谢太后一颗心才算落地——就算亡国,自己孙子等人的命运也不会像当年的宋徽宗、宋钦宗那般凄惨了。降礼完成之后,第二天,元军就把小皇帝、全太后、芮王、沂王、宋度宗母黄氏以及宋朝的高官包括太学诸生等一并押往大都。由于谢太后当时生病,所以暂缓押送。同时,象征着南宋皇家权威的卤簿、冠服连同金银珍宝被运上一辆辆大车，一同运往元大都。当时的著名音乐家汪元量以宫廷琴师身份随行，在途中写下诸多诗作，都有诗史的意味，如《北征》诗："北师有严程，挽我投燕京。挟此万卷书，明发万里行。出门隔山岳，未知死与生。三宫锦帆张，粉阵吹鸾笙。遗氓拜路傍，号哭皆失声。吴山何青青，吴水何泠泠。山水岂有极，天地终无情。回首叫重华，苍梧云正横。"

一路上，各地的南宋遗民看到北上的赵家王室，都忍不住跪在路边哀号痛哭。还好，元军没有大肆杀人，只是呵斥南宋的百姓离开。

一行人过了扬州，被押送前往大都的俘虏队伍就再无阻碍了。到了三月二十四日，宋恭宗一行人抵达元朝大都。短暂停留一阵之后，他们被押送着前往上都。在上都，元朝皇帝忽必烈特意设"诈马宴"，隆重庆祝宋国降人来朝。宴会之上，宋朝的小皇帝和属下官吏还被允许穿着昔日的朝服出席，这肯定是他们最后一次再穿前朝服饰露面了。从汪元量的诗歌内容来看，这些宋朝君臣的命运看上去还算不错："皇帝初开第一筵，天颜问劳思绵绵。大元皇后同茶饭，宴罢归来月满天。""僧道恩荣已受封，上庠儒者亦恩隆。福王又拜平原郡，幼主新封瀛国公。"

由于在朝拜仪式中宋朝君臣的温顺给忽必烈留下深刻印

象，他颇为满意，下诏将宋恭帝封为瀛国公。到了八月，先前因病滞留临安的谢太后一行也抵达上都，也受封寿春郡夫人。当然，赵宋王朝中还是不乏坚贞之人。其中已经到达上都的赵宋皇室妇女安康朱夫人和安定陈才人与她们各自侍女不堪亡国之痛，在焚香沐浴后，都摘下各自的抹胸自缢。忽必烈听说之后，大怒至极，令人将四人头颅斩下，而后悬挂在全太后寓所以示惩戒。此后，那些随行而来大都的南宋宗室、妇女和官吏，都消失在历史的深处。当然，这些人并没有被集体屠杀，只是被元朝"妥善安置"而已。

元军占领临安后，虽然没有大肆屠城，但昔日繁华的都城还是迎来浩劫，皇宫大殿很快就倾颓毁坏，特别是南宋诸帝的皇陵，遭到极其严重的毁坏。

南宋六陵，是指高宗皇帝的永思陵、孝宗皇帝的永阜陵、光宗皇帝的永崇陵、宁宗皇帝的永茂陵、理宗皇帝的永穆陵以及度宗皇帝的永绍陵，此外，还包括众多王后嫔妃的陵墓，所以，整个南宋六陵陵区的古墓超过百座，也是当时江南地区最大的皇陵。当年宋高宗逃亡到杭州之后，就把杭州视为临时的安息之所，期望着有朝一日还能回归到他们在河南巩县的祖陵，所以，就把这座山陵命名为"攒宫山"。"攒宫"指暂殡之所，这和把杭州称作临安一样，都是临时安置的意思。宋理宗的永穆陵再向北，便是宋徽宗陵墓。我们先前讲

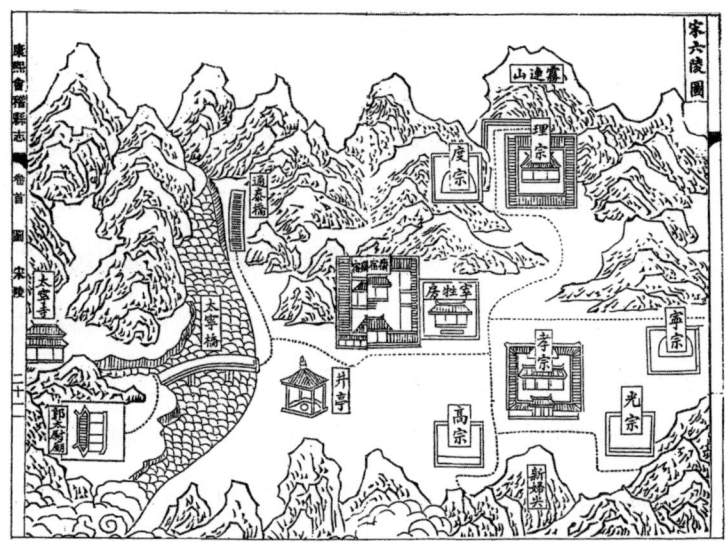

《康熙会稽县志》所附《宋六陵图》

过,宋徽宗、宋钦宗被金兵掳掠到五国城死去之后,南宋和金国达成了绍兴和议,宋徽宗的骸骨被送回南宋,当时也归葬在宋六陵这一片地区。

元朝至元十四年(公元 1277 年),也就是南宋亡国的转年,胡僧杨髡(又名杨琏真迦)就被任命为元朝江南释教都总统,掌管江南大地的佛教事务,就是这个人,一手导演了骇人听闻的南宋帝陵盗掘事件。在南宋遗老周密的《癸辛杂识》以及陶宗仪的《辍耕录》中,都有杨髡发陵的详细记载。当时,杨琏真迦率领他手下徒众来到攒宫山,就要挖盗陵墓。

而宋朝驻守当地的守陵官罗铣还在,据理力争,但胡僧杨琏真迦手下人多势众,推开罗铣就开始挖,急得这位宋朝官员在一旁号啕大哭,只得眼睁睁看着他们挖盗陵墓。

杨琏真迦先是派人盗取宁宗皇帝和杨后以及理宗皇帝、度宗皇帝四陵,他们把地宫刨开,到处收罗宝物。四陵之中,又以宋理宗的永穆陵珍宝最多。当这些盗墓贼启开棺椁时,忽然一股白气冲天。他们发现棺中的理宗皇帝尸首面色如生,和活人差不多。这是因为宋理宗死后,太医曾在他身体里灌注水银以保证死后尸体不腐。为此,这些盗墓贼就把宋理宗的尸体倒悬在树上,先让水银流出,接着砍下理宗皇帝的头颅,挖取含在他口中的夜明珠。当时西域有风俗,认为帝王骷髅可以厌胜致富。于是,杨琏真迦就派人把宋理宗的头颅蒸煮之后,又在上面镶银涂漆当成酒器,称为"骷髅碗",不时以此来饮酒作乐。

几个月后,杨琏真迦等人再次来到南宋六陵,将徽宗、钦宗、高宗、孝宗、光宗等陵墓尽数刨开,肆意盗掘。经过这两次大规模盗掘,杨琏真迦在六陵地下得到了不少宝物,包括"伏虎枕"、"穿云琴"、"金猫睛"、"玉色藤丝盘"、"鱼影琼扇柄"、"马乌玉笔箱"、"铜凉拨锈管"、"真珠戏马鞍"、"交加白齿梳"以及"香骨案"等,都是稀世珍宝。

根据日后明朝人所编纂的《元史》记载,杨琏真迦在宋六陵总共挖掘了一百零一座陵墓，绝对是宋元时期中国的第一盗墓大贼。

不仅仅盗掘南宋六陵，杨琏真迦还派人在临安城皇宫上面修建镇南塔，将他从宋六陵挖掘出的皇帝和后妃尸骨混合，再与牛马枯骨掺混，一起埋在塔下面，并在南宋皇宫大内的垂拱殿、芙蓉殿、和宁门、延和殿以及福宁殿原址上设立报国寺、兴元寺、般若寺、仙林寺、尊胜寺五座寺庙，以此来破坏南宋的皇城风水，目的在于让宋皇族永世不得翻身。一直到元朝末年，张士诚起义军占据杭州之后，才派出士兵损毁镇南塔，捣毁了这座象征王朝灭亡的塔！

宋朝人一直非常讲究风水堪舆，杨琏真迦故意盗挖宋朝的皇陵，就是要从根本上损毁宋朝的龙脉，掘断宋朝的根基。消息传出之后，杨琏真迦盗挖宋六陵的暴行激起宋人强烈愤慨，以至于广西、广东、浙江、江西、四川等地不甘亡国的宋朝遗民纷纷举起抗元的大旗。

宋朝六陵被盗的消息很快传到了元上都。当时被软禁的谢太后是宋理宗之妻，也是宋度宗生母，听说自己的夫君和儿子的墓葬同时被盗，谢太后当时的悲痛是可以想见的。但是，自己已经身为囚徒，悲痛之余也不敢哭泣，只能在夜中无人之时偷偷流泪。最可悲的当属宋徽宗赵佶，当年他身死五国城，金国人送回到南宋的只是一截枯木，但无论如何，算是魂归故里。岂料，又过了百十来年，孤魂竟然再一次遭到凌辱。

2. 李庭芝苦战扬州

宋诗书卷气过于浓厚，多数作品用典繁复，诗意平凡。特别是南宋末年的诗作，多境界狭小，诗风浮弱，诚少大可观之句。但文天祥《除夜》与众不同："乾坤空落落，岁月去堂堂。末路惊风雨，穷边饱雪霜。命随年欲尽，身与世俱忘。无复屠苏梦，挑灯夜未央。"

此诗作于元朝至元十八年，即公元1281年，是文天祥平生度过的最后一个除夕夜。这首诗，诗句冲淡、平和，没有"天地有正气"的豪迈，没有"留取丹心照汗青"的慷慨，只表现出大英雄欲与家人共聚一堂欢饮屠苏酒过春节的愿望，甚至字里行间透露出一丝寂寞、悲怆的情绪。

恰恰是在丹心如铁男儿这一柔情的刹那，反衬出勃勃钢铁意志之下人的肉身的真实性，这种因亲情牵扯萌发的"脆弱"，更让我们深刻体味了伟大的人性和铮铮男儿的不朽人格。

《除夜》一诗，没有雕琢之语，没有琐碎之句，更无高昂的口号式咏叹，可是，我们仍旧感到心灵的一种强烈震撼。

无论时光怎样改变，无论民族构成如何增容扩大，无论道德是非观念几经嬗变，文天祥作为忠孝节义人格的伟大象征，万年不朽，颠扑不灭，仍会在日后成为无数个世代激励一辈又一辈人的道德典范。

南宋朝廷在谢太后主持下，率领群臣和小皇帝正式向元军统帅伯颜投降了。由此，先前被元军扣押的文天祥也被元军押解着，前往大都。途中，至镇江，趁看守不备，又有手下侠客杜浒等人相助，文天祥连夜逃出，到了真州（今江苏仪征）。

时为安抚使的苗再成闻讯开城迎接，喜极而泣，说："两淮之兵足以兴复国家，但二帅关系不睦（二帅指李庭芝和夏贵，当时苗再成还不知夏贵已降元），如能合纵连横，一心抗敌，取胜不难。"

文天祥闻言也很兴奋，问："苗安抚您有何计策？"苗再成答："当今之计，先约淮西兵直趋建康，元军闻知必调集部队阻挡。我趁此机会可指挥淮东诸将，以通州（今江苏南通）、泰州之兵攻袭湾头，以高邮、宝应、淮安兵攻扬子桥，以扬州兵攻瓜步，再以水军直捣镇江，同时举兵，大张声势。湾头、扬子桥一带，元兵留守不多，当地人又多盼我大军反攻，如此，肯定能一举克之。然后，三面合攻瓜步，我本人指挥水军自水上进逼，瓜步必能攻下。如取瓜步，以淮东兵入京口，淮西兵入金陵，扼断元军归路，定可擒其主帅，收复失地。"

文天祥闻言，非常赞许，忙写信给死守扬州的李庭芝，并派出信使四处约结未降的宋将。可惜的是，由于当时战乱四起，信息不通，文天祥本人先前参加与元军的"议和"，致使李庭芝对他存有极大的戒心和误解。又有宋军败兵逃归扬州，报告说元军派一个宋朝的前丞相到真州说降。

接到文天祥书信，李庭芝认定说降的"丞相"肯定是文天祥，并忖度文天祥是以计诱他出扬州，然后趁机让元军来攻。于是，李庭芝派人送密信，命令苗再成杀掉文天祥。

苗再成不相信文天祥是元人派来诱降的奸细，又不敢违背李庭芝的命令，就亲自把文天祥骗至真州城外，示之以制置司"格杀勿论"的命令，让文天祥自寻出路。

回城之后，苗再成不放心，怕文天祥真是元军招降的奸细，派出两路人试探文天祥，嘱咐那些人，只要文天祥有说降的意思，当即就把他杀死。

于是，两路人马佯装出城降元的溃兵，向文天祥打招呼。文天祥当然不知这些人都是苗再成派来试探他的，苦口婆心以忠义劝那些要外出"降元"的士兵为国尽忠，为此，两路士兵大受感动，他们不仅没有杀文天祥，反而为其一行人带路，直到扬州城下。

四鼓时分，文天祥诸人抵至扬州城门，赫然见到四周贴了数张宋朝悬赏捉拿"文丞相"的告示，而且上面还写明"死活皆赏"。

众人相顾吐舌，只得窜身向东，准备从海道逃走。途中，他们遇到络绎不绝开拔的元兵，一行人慌忙躲入断壁残垣中潜伏。藏了两三天，几个人差点饿死，幸亏遇见几个樵夫，乞得几口干粮得以幸免。

几个人逃至板桥，忽然一部元军又来，一行人吓得不轻，慌忙蹲入灌木丛中。元兵看得真切，往灌木丛中射了一阵乱箭，活捉了杜浒等三四个人。

幸亏捉人的这些元兵是汉军，得了杜浒等人的银两后，就偷放了他们。于是，几个人回到原地，把饿得已经奄奄一息的文天祥放在用木棍制成的简单担架上抬至高邮稽家庄。当地庄主是位义士，派人护送文天祥等人先至寿州，然后由通州入海。此后，一行人终于得达温州。

对于此次遭到李庭芝等人嫌猜的冒险经历，文天祥有《出真州》诗十三首感怀，真实再现了当时的仓皇和狼狈。

公元1276年五月，陈宜中、张世杰在福州拥立益王赵昰为帝，改元景炎。小皇帝继位之后，进封皇弟赵昺为卫王，升福州为福安府；以陈宜中为丞相兼枢密使，都督诸路军马；以张世杰为枢密副使；以陆秀夫为直学士。

第三章 最后的挣扎

不久，文天祥赶到，小朝廷下诏，拜文天祥为右丞相兼枢密使，都督诸路军马。由于当时是陈宜中主持"国事"，怕引起内部纷争，文天祥"固辞不拜"。小朝廷就授文天祥为"枢密使同都督"。

这个时候，天下还有几分在宋人手中，包括福州、温州、台州、处州、广州、南雄州，还有长江以北的扬州、真州、通州等地，都有南宋将领在坚守。四川方面，虽然大部已落入元军之手，但钓鱼城、凌霄城等山城依旧坚持抗击元军。所以，剩下的宋朝约有军队二十万人，如果文武大臣们指挥得当，其实胜负也未可知。但是，宋朝小朝廷还是寄希望于元军能像当年追赶宋高宗的金兵一样，因为不堪忍受南方湿热的天气而退兵，由此再给南宋一个喘息的机会，所以他们不思进取，步步退让。

既然新成立了小朝廷，众人也是出计献策，然后以小皇帝的名义下诏各地，以图兴复故国。恰于此时，留于江南的南宋故相留梦炎"响应"元朝召唤，自动出降，甘心充当新朝鹰犬。

扬州方面，南宋大将李庭芝凛凛忠臣，一直浴血死守。

李庭芝，其先汴梁人，十二世同居一门，号"义门李氏"。北宋末期战乱起，李氏家族迁至应山。金国被灭后，襄汉之地兵戈四起，李氏又迁徙到随州。宋将孟珙守江南时，李庭芝乡试不中，弃文就武，谒见孟珙。由于李庭芝相貌魁伟，孟珙一见奇之，马上提拔他充当军中将校，才能尽显。淳祐年间，李庭芝考中进士，得功名后，重新进入孟珙幕府，成为高级参谋。孟珙去世前，上表朝廷荐贾似道代替自己的军职，同时又向贾似道推荐李庭芝。可见李庭芝与贾似道二人渊源不浅，但并不能以之来判别二人的忠奸。

深深感激孟珙对自己的知遇之恩，李庭芝弃官不做，扶孟珙灵柩归葬，并为其守墓三年。贾似道掌国后，毕竟都属于昔日孟家幕僚和好友，李庭芝得展大才，一直为南宋效力疆场。鄂州第一次解围之后，当时的宋理宗亲自下诏任李庭芝为两淮制置使，开府扬州。

后来，大草包范文虎一败再败，襄阳失陷，李庭芝一度被贬。由于元军势迫，宋廷很快就重新起用李庭芝，诏令其制置两淮。为了专心守淮东，不存私心的李庭芝上书请夏贵分任淮西事务。

宋恭帝德祐初年，贾似道兵溃芜湖，沿江诸郡宋军守将逃的逃，降的降，李庭芝不为所动，多次斩杀来劝降的元朝使者，一直固守扬州。

元军攻陷临安后，命谢太后与宋恭帝相继"下诏"，派人持诏至扬州城下喊话，让李庭芝开城投降。面对城下来使，李庭芝登城高呼："我奉诏守城，从未听说过有诏旨要臣子献城投降的!"

元朝大将阿术统领大军驻寨围城,久持不下。当时,扬州城内箭尽粮绝,死者枕藉满道,但身为淮东制置使的李庭芝始终坚守不屈。于是,阿术事先许以大官,让兵败被俘的宋将赵淮到扬州招降,赵淮一口答应。等到了扬州城下,赵淮却仰头大声呼道:"李庭芝,尔为男子,死则死耳,毋降也!"骑马在后的阿术恼羞成怒,当即派人杀死赵淮。

不久,宋恭帝等人北迁,谢太后写亲笔诏书,说:"先前诏谕爱卿向大元纳款,日久未报,不知是否明悉吾意。今吾与嗣君既已臣服大元,爱卿固守扬州,不知是为谁守城?"

李庭芝立于城头,静听城下使者宣诏已毕。沉思片刻,他忽然下令城上守军,以劲弩向使者一行人发射,立毙一人,剩下的人见势不妙,慌忙退走。

不久,李庭芝派姜才出军,想夺取少帝及全太后,由于元军事先戒备森然,宋军没能成功,只得回城固守。

宋朝守将夏贵降元后,元军统帅阿术玩心理战,驱赶全部身着宋朝军服的淮西降卒至扬州城下,一时之间,旌旗蔽野。当时的场面,既壮观又令人气愤,数万宋军降卒身着齐整的军服,排列整齐,都在扬州城下立定,一言不发望向扬州城头。在他们身后,是一眼望不到边际的元军骑兵,这些人都手执利刃,虎视眈眈。

肃立城头，见此情状，李庭芝惨然一笑，对身边幕僚说："我只有一死报国！"

阿朮见扬州城上没动静，忙遣使者持忽必烈诏书招降。李庭芝命士兵开城门，迎入使者。

把元朝使者迎接入内后，李庭芝并没有和这个使者说什么话，而是命人把元军使者押上城头。

众目睽睽之中，当着数万淮西降兵与元军骑兵的面，李庭芝下令一刀砍落元军使者的脑袋，然后人头扔下，接着焚烧了元军招降的所谓"诏书"。

阿朮牙关紧咬，无可奈何，只得暂时挥兵回返。

不久，见元军势盛，宋朝知淮安州的许文德、知盱眙军的张思聪、知泗州的刘光祖等人，都以粮尽为由向元军投降。

李庭芝在扬州城内到处寻找粮食，作为将士们的口粮。胶着相持时间一久，宋军食尽粮绝。可哀叹者，宋军将士之中甚至有杀掉负伤亲人做军粮的，依旧力战不屈。

元朝统帅阿朮不仅从水路拦阻高邮方向的宋军运粮船，又在陆路邀击宋军运粮兵卒，杀死宋军数千人，最终完全断绝了扬州守军的粮草供应。

为了能使扬州降附，阿朮派人从大都的忽必烈处取得特赦诏书，表示元朝皇帝大仁大义，继续赦免李庭芝焚诏、杀使之罪。当然，元军这次不敢再派人送诏书入城中，只敢城下喊话,然后,他们以箭射诏书于城上。对于这件东西,李庭芝看也不看,命人立焚诏书于城上。

听闻小皇帝赵昰即位的消息,李庭芝积极响应勤王诏,留制置副使朱焕守扬州,他自己与大将姜才率七千兵士突围奔泰州,想取道通州入海,南下福州。孰料,李庭芝刚刚率兵出城,朱焕就以扬州向元军投降。

而后,阿尤一面分派精兵入扬州,一面指挥劲骑追击宋军,沿路杀掉千余人。李庭芝所率宋军腹空体乏,好不容易进入泰州,即被元军团团包围。

阿尤入扬州后,俘虏了李庭芝的妻儿,命人把他们和一些高级将领的家属都押至泰州城下,然后向城头喊话招降。南宋大将姜才因病重不能出战,宋军只得死守孤城。

李庭芝本人对妻儿被俘并不理会,仍在城内指挥抵抗。结果,泰州裨将孙贵等四人得知扬州已经不守,又见元军四涌如潮,大惧之下,大开北门,忽然接纳元兵入城,向元军投降。

深知情势危急,李庭芝情急之下冲出户外,想投入府院的莲花池中自杀。水浅,李庭芝自杀未成,很快被冲入的元军生擒。重病之中的大将姜才也被活捉,与李庭芝一起被押回扬州。

阿尤见到二人,斥责二人为何坚守不降。姜才大骂道:

"胡奴，不降者我也！"

这句话说得不假，扬州被围的最后关头，李庭芝曾召姜才一人议事，大概是想商量以诈降之计突围，姜才当时大呼："相公，您不过忍片时之痛耳！"坚决不同意诈降，要光明磊落去赴死。

此时，傲立于元军大将的案前，李庭芝自有大帅风度，不发一言。阿朮也是一个蒙古勇士，非常爱惜二人才勇，仍想劝降，姜才骂不绝口。

最终，站在一旁的先前以扬州献降的叛贼朱焕上前进言："扬州自用兵以来，积尸遍野，都是李庭芝与姜才所为，不杀何待！"

于是，元军命军士押二人于扬州闹市。李庭芝首先被斩首。临刑，大英雄神色怡然。至于姜才，遭到元军残酷的剐杀，其间，他仍旧骂不绝口。剐刑严酷，时间又长，临刑过程中，先前降元的老匹夫夏贵也来看热闹，望着这个白胡子老战友，姜才切齿瞋目，骂道："见我如此，老贼你能不愧死！"

李庭芝、姜才两位英雄慷慨就义之时，幸存于世的扬州人民感动异常，莫不泣下。

3. 文天祥抗击元军

攻破扬州后,元兵集中兵力猛攻真州。

众寡悬殊,趁天降大雾,宋军参谋赵孟锦率少数宋兵忽然击袭元军大营,趁乱杀死不少元兵。可叹的是,大雾不久即散,元军望见宋军人少,立刻来了精神,组织反攻,赵孟锦登舟败走之际失足坠水而亡。

元军乘势攻城。城破后,安抚使苗再成血战,力竭而死。此后,通州、滁州、高邮军等相继降元,淮东尽失。

南宋坚城扬州沦陷后,真州、通州相继失守,由此,宋朝失去了长江以北的最后据点,图谋北上再无指望。所以,当初南宋小朝廷命令李庭芝弃守扬州门户,无疑是一着错棋。

在元军压迫下,流亡的宋朝小朝廷一步步往南逃亡,福州、泉州、潮州、惠州……由于害怕城池失守,宋朝君臣大部分时间都是在海上度过的。这些士兵由于远离故土,渐生异心;而将士们携带的家眷流离失所,也都苦不堪言。

景炎二年(公元1277年)十二月,南宋小皇帝逃至秀山,听说广州失守,慌乱之中退到井澳(今广东珠海市南横琴岛横琴山下)。这时候,海上忽起飓风,宋朝的船队被吹得七零八落。惊惧之中,小皇帝竟然从船上跌落海水之中。当时,年逾七十的老臣江万载奋力跃入海中,虽然救起了已经呛得半死的孩子,他自己却被巨浪卷走。这次飓风之中,有超过四成的宋朝士兵被卷入海中丧命。

飓风刚过,元朝大将刘深又率兵来攻。宋将张世杰迎战不敌,一直率领水军逃到七星洋。这场水战,宋军损失船只两百多艘,连小皇帝宋端宗的舅舅都被俘虏了。

景炎三年(公元1278年)四月十五日,年方十岁的小皇帝宋端宗在碙洲荒岛(今广东湛江硇洲岛)上病死。呛水加上惊吓,以及连夜连日的颠沛流离,这个孩子最终没能挺过去。虽然他短暂的生命消失了,但这个小小的身躯一度承载着千百万宋人的复国重担。

宋端宗死后,他七岁的弟弟赵昺又被拥立为帝,改元祥兴,史称帝昺。帝昺生母杨太妃当时算是垂帘听政,但她与群臣交谈之时,还是非常谦逊地自称为"奴"。当时的流亡政府官员们窘迫异常,平时上朝连官服都凑不齐。

当初(景炎元年),文天祥到福州后,被授予"枢密使同都督",他提出要回温州组织舟师,由海道而进收复两浙。陈宜中不同意,文天祥只得作罢。

陈宜中的想法,是放弃温州,把大本营全移至闽地,欲依靠张世杰收复两浙以自洗其先前弃都亡命之罪。出于这种私心,他当然不想与自己平起平坐的文天祥立功。于是,陈宜中就把文天祥外派,让他在南剑州开府,招募士兵。

第三章 最后的挣扎

在福州的短暂准备期间，九死一生的文天祥把先前所写的诗歌编为一集，名《指南录》，皆为向南投奔宋君的纪实诗。"臣心一片磁针石，不指南方不肯休"是其中名句。诗文字字带血，句句含悲。文天祥所写的《指南录后序》，高度形象地概括了他自德祐二年（公元1276年）以来元军兵临城下至他最终逃往永嘉的整个过程：

德祐二年二月十九日，予除右丞相兼枢密使，都督诸路军马。时北兵已迫修门外，战、守、迁皆不及施。缙绅、大夫、士萃于左丞相府，莫知计所出。会使辙交驰，北邀当国者相见，众谓予一行为可以纾祸。国事至此，予不得爱身；意北亦尚可以口舌动也。初，奉使往来，无留北者，予更欲一觇北，归而求救国之策。于是辞相印不拜，翌日，以资政殿学士行。

初至北营，抗辞慷慨，上下颇惊动，北亦未敢遽轻吾国。不幸吕师孟构恶于前，贾余庆献谄于后，予羁縻不得还国，事遂不可收拾。予自度不得脱，则直前诟虏帅失信，数吕师孟叔侄为逆。但欲求死，不复顾利害。北虽貌敬，实则愤怒。二贵酋名曰馆伴，夜则以兵围所寓舍，而予不得归矣。未几，贾余庆等以祈请使诣北，北驱予并往，而不在使者之目。予分当引决，然而隐忍以行。昔人云："将以有为也。"

至京口，得间奔真州，即具以北虚实告东西二阃，约以连兵大举。中兴机会，庶几在此。留二日，维扬帅下逐客之令，不得已，变姓名，诡踪迹，草行露宿，日与北骑相出没于长淮间。穷饿无聊，追购又急，天高地迥，号呼靡及。已而得舟，避渚洲，出北海，然后渡扬子江，入苏州洋，辗转四明、天台，以至于永嘉。

呜呼！予之及于死者，不知其几矣！诋大酋当死；骂逆贼当死；与贵酋处二十日，争曲直，屡当死；去京口，挟匕首以备不测，几自到死；经北舰十余里，为巡船所物色，几从鱼腹死；真州逐之城门外，几彷徨死；如扬州，过瓜洲扬子桥，竟使遇哨，无不死；扬州城下，进退不由，殆例送死；坐桂公塘土围中，骑数千过其门，几落贼手死；贾家庄几为巡徼所陵迫死；夜趋高邮，迷失道，几陷死；质明，避哨竹林中，逻者数十骑，几无所逃死；至高邮，制府檄下，几以捕系死；行城子河，出入乱尸中，舟与哨相后先，几邂逅死；至海陵，如高沙，常恐无辜死；道海安、如皋，凡三百里，北与寇往来其间，无日而非可死；至通州，几以不纳死；以小舟涉鲸波，出无可奈何而死。固付之度外矣！呜呼！死生，昼夜事也，死而死矣；而境界危恶，层见错出，非人世

所堪。痛定思痛，痛何如哉！(《全宋文》第359册，上海辞书出版社2006年版）

不久，文天祥转战至汀州（今福建长汀），派赵时赏率一部军士去取宁都（今属江西），派吴俊章取雩都（今江西于都），同时，在江西坚持抗元的刘洙等人闻文天祥开府，纷纷提兵来会。

南宋景炎二年（公元1277年）五月，文天祥集结部队，自梅州出江西，在吉州、赣州等地坚持抗元的宋军皆来赴，合军收复会昌县。八月间，文天祥部下赵时赏等人分道攻取了吉、赣周围的不少地区，把赣州包围起来。闻听文天祥在江西声势大震，衡山、抚州等地宋军也纷纷加入，一时间士气高昂。

元廷闻报，非常紧张，忙在江西置行中书省，以塔出为右丞，敏珠尔丹（又译"麦术丁"）为左丞，李恒等为参知政事，下决心扑灭江西的反元宋军。

这年九月间，在元军诸道四出江西的同时，元军大将李恒自将一军精骑，出其不意，忽然向身在兴国的文天祥发起进攻。

文天祥没有料到李恒这么快就杀到，猝不及防，慌忙应战，首战不利。听说邹㳆部宋军有数万屯于永丰，文天祥携败兵向永丰方向败退。结果,行至半路,正遇上被元军杀得大败而逃的邹洬部队,双方相遇,慌不择路,便又汇合一处,夺路接着跑。

逃至方石岭(今江西吉安东南),率少数兵士殿后的宋将巩信与元兵短兵相接,殊死格斗,相战多时。元朝大将李恒疑有伏兵,鸣金收兵。良久,见山后并无声息,李恒才敢率元兵呐喊杀入。结果,见巩信端坐一巨石之上,仅剩的十余名残兵立其左右,瞋目怒视元军。

李恒忙命元兵放箭,箭雨密集,巩信等人屹立不动,中箭如猬,至死不仆。

文天祥逃至空坑(仍在吉安境内),军士多散,身边只有杜浒、邹洬等几个人相随。此时,宋将赵时赏为使文天祥等人有时间逃走,故意令人用肩舆把自己抬上,大摇大摆、不慌不忙地行走。元军大队士兵追至,持枪挺刀,喝问肩舆之上是何人,赵时赏朗声答言:"我姓文。"元军大喜,以为生擒了文丞相,忙令数百人看守,把赵时赏押至隆兴。

一路上,多有被五花大绑的文天祥僚属被押至肩舆前,元军迫使赵时赏(以为他是文天祥)辨认,皆被赵时赏"不屑"斥喝:"小小牙官,抓这种人做什么!"由此,得脱者甚众。即使如此,文天祥本人的妻儿皆被元军抓住,被李恒派人押送前往大都。途中,文天祥两个小儿子皆不堪折磨,病死于道中。

不久,得知被抓的"文天祥"其实是赵时赏,李恒气恼,立即推出去,派人拔刀斩杀。赵时赏乃宋朝宗室,临刑大笑,慷慨就义。

文天祥逃脱后,辗转至南岭(今广东紫金),重新集结队伍。不久,文天祥闻知新主赵昺即位,上表自劾江西败兵之罪,并请入朝觐见。恰值军中发生瘟疫,文天祥身边刚刚聚集的残军一下子病死不少,其老母与长子也相继染病而亡。雪上加霜,亡国丧亲,大英雄痛不可堪。

帝昺祥兴元年(公元 1278 年)年底,文天祥屯军于潮阳(今广东省汕头市潮阳区),邹㲘、刘子俊等人率众相会。由于当地盗贼陈懿、刘兴为害一方,形同割据,文天祥便先向这两个巨盗发动进攻,杀掉了刘兴,却漏跑了另一个匪首陈懿。

陈懿海盗出身,马上投降了正率舟师由海路入潮州的元军大将张弘范,并为元军充当向导,在潮阳大举登陆。因寡不敌众,文天祥败走海丰。

张弘范之弟张弘正率一部精骑,穷追不舍。逃至五坡岭(今海丰以北),文天祥一行人正喘息想吃口饭,张弘正的元军骑兵猝然杀到,宋军来不及接战,多数被杀,文天祥被生擒。情急之下,文天祥试图自杀,但未成功。

宋将邹凤非常刚烈，未待元兵近身，他不甘做俘虏，就以佩刀自刭而死。

宋将刘子俊在附近也被另一部元军抓获，他忙大叫，自称是文天祥，想以此作缓兵之计，使文天祥有机会再逃走。

于是，两部元军抓了两个"文天祥"，两帮人马相遇于途，各争真伪，都坚称自己所抓是"文天祥"。最终，元将叫来几个宋军俘虏，边问边杀，终于得知谁是真文天祥。

然后，元军在当地架起大锅，烹杀刘子俊。烹刑残酷，使人慢慢煎熬而死，刘子俊在锅内一直骂不绝口，至死不屈。

而后，文天祥被押送到潮阳，面见张弘范。元兵叱之下拜，文天祥不屈，站立不跪。张弘范虽是元朝得力鹰犬，但内心也敬佩这样的铮铮男儿，叹赞道："真忠义人也！"命左右为文天祥释缚，待以客礼。

文天祥当时固求一死，张弘范不许。由于宋军势力还未尽灭，张弘范深知文天祥还"有用"，命人把他拘于军船之上，好吃好喝，严加看管。

先前，伯颜占领临安后，文天祥、张世杰等人在福州拥立益王赵昰为帝。为了彻底根除南宋流亡政权，元廷一面下令诸将入闽追击二王，一面派大将阿里海涯领数万元军，大举进攻广西。

当时南宋的静江（今广西桂林）府守是宋将马塈，他总领屯戍诸军，兼掌广右经略司，一直坚持抗元。

阿里海涯初定湖南，就曾派人携信到静江劝降，马塈立即杀掉信使。临安失陷之后，谢太后派僧人持手诏到静江劝降，僧人也被其杀掉。劝降不成，阿里海涯只得率元军对广西进行武力强攻。

元朝大军进至严关（今广西兴安以西），见大山夹峙，中间窄道已由马塈严加防守，知不可破，阿里海涯只得率一部偏师迂回至平乐，溯漓江而上，过临桂，然后掉头北进，与屯于严关之前正和宋军相持的元军主力前后夹击。当时，马塈兵少不支，顽强抵抗后，给予了元军很大的杀伤，此后不得不退保静江。

阿里海涯亲自写信给马塈，答应对方投降后，会立授广西大都督一职，遭到马塈拒绝。见计不成，阿里海涯又请忽必烈"降手诏谕之"。马塈做事果绝，焚诏斩使，坚决不降。

狂怒之下，阿里海涯指挥元军攻城。静江依水为固，确实易守难攻。元军猛攻三个月，前后百余战，死伤无数，仍不能克城。公元1276年底，阿里海涯在当地降人建议下，筑起大堰，截断大阳、小溶二江，遏阻上流，又派人掘开东南堤坝引干静江护城河水。由此，元军终于能进抵城下，大竖攻城器械，展开人海战术进攻。

元军蚁附登城，宋军死战，最终不支，一时溃败。马塈见外城已经被元军攻破,即刻率军闭内城拒战,不久又被攻破。马塈仍坚持率领数百军士与元军巷战。

杀伤多人后,马塈手臂受重创,依旧倚靠残壁战斗,最终被蜂拥而上的元军杀害。当敌军斩落这位将军的头颅之后,马塈犹握拳奋起,过了一段时间才倒地。千古忠烈之气,难以言表。

静江城中的宋将黄文政拒战力竭被生俘,大骂不屈,元军残酷,先断其舌,后割其鼻,继之又砍断他的双膝。黄文政喷血含混,至死骂声不绝。

邕州(今广西南宁南)方面,主将马成旺和他的儿子马应麟胆怯,未待阿里海涯攻城,马上以城献降。最后,在邕州城内,唯独马塈手下部将娄铃辖率二百五十名宋军兵士,坚守月城不降。娄铃辖,就是指一个姓娄的铃辖,史书上没有他的真实姓名,只得以其军职来称呼这个人。

阿里海涯见状大笑,对左右讲:"小小月城,何足进攻!"

于是,他下令元军把月城团团包围,准备以饥渴交困的方法最终逼降娄铃辖。缺水缺粮十多天后,娄铃辖立于城墙上向外高声呼道:"我们饿极,不能出降。如果能送我们一些食物,吃饱之后,当听汝等处置。"

阿里海涯大喜,忙命人送去活牛数头,米数斛。元军把东西运到城门,宋军一位小校打开月城城门,收取牛米后,立即又关闭了城门。

元兵元将大惊,都赶忙登高临视。他们看到那些饿极的宋兵,立刻分取生米,烧火蒸饭。米还未熟,诸士卒军将皆以手抓取,一面吞吃半生不熟的米饭,一面用刀割取活牛身上的肉,短时间内,啖之立尽。

一顿豪食之后,宋军忽然鸣角击鼓,集结队伍。

元军见到这个情状,即刻大惊,以为宋军又要出战,于是整个军营上下立刻束甲持兵,如临大敌。

结果,那位娄钤辖下令两百多名士兵聚集在一个巨炮周围,握手而立,他们堆满火药后,纵火燃之,刹那间,声如雷霆,烟气涨天,震得城堞皆崩,城外围城的元兵,当时也被震死不少。

火熄之后,元军入视,娄钤辖等两百多精忠之士壮烈殉国,灰烬无遗。

狂怒之下,阿里海涯下令屠城,短时间内把邕州百姓杀戮无遗。有七百多宋军战士先前在双方交战中逃入西山,阿里海涯派人招降,答应不杀。但是,这七百多人都在山中自杀,无一降者。

此后,广南西路十五州,都被元军占取。但静江、邕州的宋朝守将和百姓的顽强抵抗,真正可歌可泣。

4. 南宋残军退保厓山

南宋德祐元年（公元 1275 年），元军向临安进逼，为防四川宋军出援，忽必烈下令东、西两川行枢密院统领大军主动进攻四川。时任宋朝四川制置副使的张珏以钓鱼城和重庆为根据地，拼死抗元。

转年，即公元 1276 年，张珏审时度势，派出一支奇兵袭击了元朝东川行枢密院的治所青居城（今四川南充），并乘元军回救之机，派猛将张万率水军由水上入重庆增援。同年夏，趁元朝东、西两川行枢密院矛盾重重、互相观望逗留之机，张珏又派出军队收复了泸州，杀掉降元的原宋将梅应春以及元将熊耳，并俘虏了不少元朝军将的家属。

在此情形下，元军不得不从重庆撤围。年底，张珏命手下将领王立守卫钓鱼城，他本人入重庆指挥，并迅速收复了涪州（今重庆涪陵区）。

南宋景炎二年（公元 1277 年），元军重新攻取涪州。同年冬，元军又破泸州。忽必烈深知四川的战略重要性，亲自下诏向四川增兵数万，命西川行枢密院使不花率数万元军再攻重庆。不花抵达重庆附近后，分兵布将，把重庆围个密不透风。

元西川行枢密院副使李德辉亲笔写信招降张珏："君之为

臣，不亲于宋之子孙；合之为州，不大于宋之天下。彼（宋朝）子孙已举天下而归我（元朝），汝犹偃然负阻穷山，而曰忠于所事，不亦惑乎！"

收到招降信件之后，张珏不答，悉力指挥宋军守城。

南宋祥兴元年（公元1278年）正月，张珏派一部宋军出击，被元军杀个干净。不花本人抵至城下，指挥诸将攻城。

元军汉将汪良臣大造云梯、鹅车等攻城器械，亲自冲锋登城。这位汪良臣，就是先前在钓鱼城被宋军打死的元军大将汪德臣的四弟。

张珏立于城墙，指挥守军激战。混战之中，汪良臣身中四箭，元军未能占得任何便宜。转日，张珏率军出城，与元军猛将也速答儿在扶桑坝（今重庆以东）激战，不料汪良臣等人带兵从后夹击，宋军不支，大溃，张珏率残兵复入重庆城死守。

当夜，宋军都统赵安向元军献城投降。张珏闻讯悲愤，率余兵巷战，同时派人索取鸩酒想自杀，结果被身边卫士抢夺而走，没有死成。

苦战一夜，张珏只得率几个亲随和家属乘船顺流奔往涪州方向。船开不久，张珏突然为自己不能死于重庆而后悔，用手中大斧猛砍舱底想举家自沉，被船工夺去斧头扔入江中。张珏又想跳江自杀，为家人所挽持，不得死。半路，张珏所乘之船忽然遭到元朝大将不花手下的元军水师邀击，张珏本人被俘。

攻陷重庆后，元军一鼓作气，齐集大军进攻当年蒙哥汗被打死的地方——钓鱼城。宋将王立自 1276 年底起开始守城，奋战两年多，最终不支，在得到忽必烈不屠城的允诺后，于 1279 年四月出降。

大名鼎鼎的钓鱼城，终于落入元军手中。从此，川蜀广大地区皆落入元朝版图。

大英雄张珏被元军押至安西（今陕西西安）赵老庵，他的一名老友前来探望，对他说："您为宋室尽忠一世，以报国家。今日行至此处，纵然能不死，活下去又有什么意义呢？"

张珏闻言颔首。待老友走后，趁元兵看守不备，张珏解下弓弦，自缢而死，最终殉国而不降元。

随从焚烧了他的尸骨，用瓦罐把他埋葬在他自杀殉国的地方。张珏死讯传出，人在大都做囚徒的文天祥得知，非常感叹，作《悼制置使张珏》诗："气战万人将，独在天一隅。向使国不灭，功业竟何如？"

从窝阔台大汗开始，元军就多次攻入四川。端平年间，元军曾陷成都等五十四州郡，铁骑到处，屠城放火，杀人无算，流血有声，仅在成都一地，元军就曾经杀人一百四十多万。"城外荡荡为丘墟，积骸飘血为田里。"经过元军几十年间的反复入侵，四川到处仅剩遗墟败棘，郡县大半荒残。到了忽必烈时代，虽然元军在屠城方面有所收敛，仍旧杀人无数，把四川大部蹂躏得面目全非。

公元1277年九月，为和当时在江西的文天祥相呼应，张世杰派出十万大军，遣两位都统率领，想克复建昌，结果遭遇元将李恒，宋军大败。元军进逼，又破建宁府、邵武军，陈宜中、张世杰等人不得不奉幼帝及卫王与杨太妃登舟逃跑。当时，宋方有军人十七万，民兵三十余万，还有从两淮战场撤退下来的残兵一万多，共近五十万人马，乘战船从海上撤退。

半路，宋船与元军水师相遇，由于当时大雾，又值傍晚，元军竟然没有发现浩浩荡荡撤退的宋军海船。南宋这支残军，暂时逃过一次大劫。

张世杰一行人行至泉州泊岸，驻守当地的安抚使蒲寿庚前来谒见，并请幼帝驻跸泉州。张世杰不放心，没有答应。这位蒲寿庚是阿拉伯商人后裔，世居泉州，一直提举市舶，专门管理当地的商业贸易，擅利为富三十多年，他不仅仅有南宋朝廷授予的军职，还是当地豪富之首。

当时，张世杰身边的参谋人员就劝说，应该趁谒见之机把蒲寿庚扣留下来，或趁势收取他辖下的数百艘巨大的海船，留作军用。张世杰没有远见，不听，很快就放蒲寿庚回泉州。

不久，由于宋朝的撤退人员太多，舟船严重不足，张世杰部下宋军四处掠取蒲寿庚的船只，并没收了船上的金银财物。闻此，嗜财如命的商人蒲寿庚大怒，突然间宣布降元，并在泉州城内大杀赵宋在当地的宗室以及士大夫几千人。

南宋小朝廷的宰相陈宜中等人着慌，忙拥宋帝乘船逃往潮州。拥军在外的张世杰自己率领淮兵进讨蒲寿庚，但蒲寿庚闭城自守，始终不肯出战。不久，一部元军来救泉州，张世杰只得退军浅湾。

进袭的元军不依不饶，猛攻浅湾，张世杰不敌，保护着小皇帝逃往秀山。由于军中流行疫症，宋军兵士病死不少，张世杰又保护宋帝逃往井澳。此时，身为宰执的陈宜中见势不妙，率领手下亲兵遁往占城（今越南中部）以避兵锋。

宋少帝赵昰至井澳，忽遇飓风，所乘巨舟被巨浪击翻，小孩子几乎被淹死，惊悸成疾。过后，张世杰点算兵数，发现军队在这次飓风中死亡过半。

由于元军穷追不舍，众人拥保宋帝入海而逃，在海上又被元军大败一场，宋帝的舅舅俞如珪也被元军生俘。南宋残军本想拥宋帝入占城躲避，因风大而不得成行。

宋景炎三年（公元1278年）四月，宋帝赵昰病死于碙洲。至此，群臣多想散去。此时，陆秀夫挺身而出，劝阻道："度宗皇帝一子尚在，将置其何地！古人有以一旅以成中兴者，今百官有司皆备，士卒数万，天若未欲绝宋，此岂不可立国？"

于是，众人拥立年方七岁的卫王赵昺为帝，改元祥兴。

由于当时陈宜中外逃占城不归，陆秀夫与张世杰一内一外，共辅南宋幼帝。

陆秀夫，字君实，盐城人。南宋景定年间，陆秀夫得中进士。当时，状元是文天祥，二甲第一名是日后绝食殉国的谢枋得，陆秀夫名列二甲第二十七名，"忠节萃于一榜，洵千古美谈"。李庭芝当时得知陆秀夫是个人才，就招他为幕僚高参。陆秀夫为人才思清丽，本性沉静，一直深得李庭芝器重。

南宋德祐元年（公元 1275 年），元军进攻江南甚急，军中文武僚属多遁逃，唯独陆秀夫等数人始终坚守岗位。感动之余，李庭芝荐其入朝，累官至宗正少卿。德祐二年（公元 1276 年），陆秀夫不畏艰险，亲入元营议和。当宋恭帝的两个年幼的弟弟（二王）逃奔温州时，陆秀夫闻讯追从，与陈宜中、张世杰等人在福州拥立益王赵昰。由于陆秀夫久在军中任高级参谋，陈宜中开始时还常常向他咨询行军意见。不久，陈宜中觉得陆秀夫这个人过于耿直，对自己不利，就暗中派遣言官弹劾他，把陆秀夫逐出朝外。

张世杰闻知这个消息，写信斥责陈宜中说："现在什么时候了，还动不动以台谏罢斥正人！"

虽然自己是宰相，但此时的陈宜中害怕手中握兵的张世杰，慌忙把陆秀夫召还朝中。当时，朝廷草创，君臣播越，陆秀夫每临朝会，俨然持笏正立，如在皇宫大殿。他常常凄然泣下，伤心国事，以朝衣拭泪，衣裳尽湿，左右人等，无不悲恸。此人真正高风亮节，是宋朝具有高尚情操的真士大夫。

张世杰等人奉宋帝驻泊于厓山。厓山位于今天广东江门市新会区南端，北扼海港，南连大海，西面与汤瓶嘴对峙如门，每大风南起，水从海外排闼而入，怒涛奔突，浪涌如山，每半日皆有潮水到来，确实是适于舟师屯结的险地。

张世杰没有什么军事才略，他以为此地天险可守，乃遣人入山伐木，造行宫三十间，军屋三千间。当时，宋朝残存的官民军士尚有二十余万，多居于船上。

时任元朝江东宣慰使的汉族大将张弘范立功心切，他回大都后入觐忽必烈，建议说："张世杰立广王（赵昺）于海上。闽、广响应，宜派大军剿灭，免留后患！"

忽必烈闻言大喜，立命张弘范为蒙古、汉军都元帅。陛辞之日，张弘范这个鹰犬深知韬晦之策，假意推辞主帅之职："国朝军制，无汉人典蒙古军者。臣乃汉人，恐乖节度，愿陛下派亲信蒙古大臣为帅，与我一道南征。"

忽必烈深知张氏家族张柔、张弘范两代人为蒙古效命，属于值得信任的汉人，于是下诏，马上赐张弘范锦衣、玉带，以此表示对他的绝对信任。

张弘范不要锦衣、玉带，提出："奉命远征，无所事于衣带也。如能得陛下赐以剑甲，则为臣可仗圣上威灵，令行禁止，无往不克！"

忽必烈闻言壮之，赐张弘范尚方宝剑，表示："剑，汝之副也。有不用命者，以此处之！"

于是，张弘范推荐李恒为自己的副手，到达扬州后，发水陆精兵两万，分道南下。由此，元军舟师四至，从海道攻袭漳州、潮州、惠州等地，数败宋军，并最终在海丰生擒了文天祥。步军方面，元将李恒越过大庾岭，很快就攻占了广州。节节失利之余，张世杰本人也从潮阳港乘舟入海，退保厓山。

5. 厓山之战

到了如此窘急的地步，张世杰手下有谋士相劝："北兵以舟师堵塞海口，则我军进退失据，不如率先主动出击，占据海口要地。如果得胜，国之福也；如果不胜，犹可西走。"

张世杰思之良久，觉得宋军久漂海上，士卒离心，怕主动进攻失败后，会导致军卒立刻溃散，就表示不同意。

于是，他命人焚毁岸上所建数千间简易房屋，把千余艘大船牢结成一字阵，沉锚于海，中舻外舳，贯以大索，四周起楼栅如城堞状，而后，把宋朝最后的小皇帝保卫在大船中间，以示必死之态，想和元军决一死战。

此前，宋军已被阿尤纵火烧船而遭惨败，张世杰不吸取教训，仍旧出此下策，真是天时人事，均使宋朝一步一步踏向覆亡深渊。

当然，张世杰已考虑到那位既是自己族弟又是敌将的张弘范火攻的可能性，命人在战舰外涂满厚厚一层湿泥。

公元 1279 年正月，元军统帅张弘范指挥元军进攻。

由于厓山以北水浅，元军怕大舟搁浅，便从厓山以东转而南驶。他们进入大海后，从海口开始迫近宋军水城。同时，元军出奇兵，断绝宋军陆上的汲水之路。由于宋军船大阵牢，元朝水军冲撞不成，张弘范就派人在木柴上浇上膏油，乘风纵火。甭说，由于张世杰事先派人在各船外层涂泥，元军这次火攻并未得手。

猛攻不成功，张弘范派在自己军中任职的张世杰外甥三入宋营，劝降这位族兄。虽与张弘范同族，又有外甥相劝，张世杰仍旧凛然正气，对外甥说："我知道，如果投降，不仅能保命，还能得享富贵荣华。但我已经立下誓愿，定以死来报答大宋国恩，此志难移！"

第三章 最后的挣扎

见张世杰外甥说降不成,张弘范又逼迫被俘的文天祥写信招降。文丞相不从,表示自己不能捍卫父母社稷,却教人背叛父母社稷,这绝对不可能!张弘范再三催迫,文天祥便当其面书写《过零丁洋诗》示之。张弘范读到"人生自古谁无死,留取丹心照汗青"之句,不得不肃然起敬。

苦笑之余,他不再强求文天祥写招降书。

即使如此,张弘范仍派人多次临阵向厓山宋军喊话:"汝陈丞相(陈宜中)已经脱逃,文丞相(文天祥)已经被我军抓获,汝等又欲何为!"

对于元军的招降,人在厓山的宋朝士民全无回复,无一人叛降。

猛攻不成,张弘范下令元水军封锁海口。由于汲水道绝,张世杰手下的宋军只得喝海水,很快就有多人呕吐腹泻,战斗力剧减。即使如此,张世杰仍旧率宋军与元兵日夜大战不已。

不久,元朝大将李恒也将兵自广州来会,与张弘范一起合攻厓山之北。本来,元军诸将建议居高临下,发炮狂攻宋军水城。张弘范不同意,怕炮击后宋军散舟,浮海分逃,不能实施全歼。

张弘范的副手李恒观察形势后,建议元军合力,与宋军水师正面对攻。

阴历二月初六早晨,张弘范分元军诸将为四军,相距约一里。张弘范与李恒自当一面,乘潮退之时,先是李恒一军自北而南,顺流乘舟直杀宋军水寨。面对元军,张世杰自率兵,殊死抵拒。双方战至日中,潮水又涨,元军南面一军开始乘流而进。由此,张世杰腹背受敌,依旧殊死奋战。李恒所部元军虽然死拼,依旧不能取胜。

仔细观察之后,张弘范施计,命人以布障把他自己乘坐的指挥大舰的四面遮蔽严实,又令船上将士伏盾埋伏,然后大奏音乐。听到元军大船上有音乐声响起,张世杰误认为元军会暂时休军聚宴,精神上稍稍有些懈怠。岂料,宋军将士刚刚喘了口气,忽然看见张弘范的指挥舰冲击宋军左侧水寨山栏。宋军齐发弩箭,全部射在了大船的布障上。

估摸着宋军箭矢已尽,张弘范下令撤去布障。大船上埋伏好的元兵矢石俱发,压制住宋军气势后,纷纷跳上宋军阵左最大的堡垒大舰,攻陷了宋军水寨一角。看到宋军水阵被撕开了缺口,元军诸将乘势,呼声震天,纷纷冲入水寨,杀人斩帆,不可遏制。

张世杰见状,深知大势已去,便抽调精兵入中军保护小皇帝。宋军诸军大溃,翟国秀等数位宋将在船上急忙解甲,向元军投降。

时值薄暮时分,风雨昏雾四塞,咫尺不能相辨。张世杰派军士划小船至小皇帝所在的大船,想接他向外逃走。陪同小皇帝的陆秀夫恐怕混乱中为人所卖,又怕皇帝遭受生俘的屈辱,坚持不肯让小皇帝下船。

接应之人也没有办法,只得返回张世杰处复命。张世杰无奈,自率十余艘战船,保护杨太妃突围而去。

元军喊杀阵阵,周围烟火四溢。陆秀夫见小皇帝所在的舟船甚大,诸舟环结,想要逃走,简直难比登天。于是,他先让自己的妻儿跳海殉国。然后,他进入船舱,把小皇帝抱上船头,叩头再拜,哭泣言道:"国事至此,陛下当为国死。德祐皇帝(宋恭帝)辱已甚,陛下不可再辱!"

这位皇帝本来就是一个小孩子,惊慌失措,当时根本不明白周遭发生什么事情。大声哀号之余,陆秀夫把小皇帝背在身上,毅然纵身蹈海,上演了南宋王朝最后悲壮的一幕。至此,宋朝亡国。

七天之后,元军在厓山一带海上发现浮尸十余万。元军士兵乘船在尸堆中觅取财物,其间发现一小孩尸体,身穿黄色衣服,肤色白皙,身上还有玉玺。

元军军卒主要是捞取财物,所以赶紧把玉玺解下来进呈给元军主帅张弘范。看到这个玉玺,张弘范马上就明白刚才军卒发现的就是宋朝小皇帝的尸体,即刻派人去取。结果,浪大潮急,怎么也找不到了。拿着宋朝皇帝的玉玺,张弘范上报忽必烈，称宋朝末帝已经溺死于海上。

后来，南宋遗民林景熙有《题陆秀夫负帝蹈海图》一诗，对陆秀夫大义殉国表示了无比崇仰之情："紫宸黄阁共楼船，海气昏昏日月偏。平地已无行在所，丹心犹存中兴年。生藏鱼腹不见水，死抱龙髯直上天。板荡纯臣有如此，流芳千古更无前。"

杨太妃逃亡期间得知赵昺死讯，痛哭不止，对周围的人说："我忍死间关至此，只为赵氏一块肉耳。如今绝望矣！"言毕，纵身赴海自杀。

南宋大将张世杰率残余宋军，本想奔逃去占城，但军中多广东军卒，不愿前往。无奈，张世杰不得不调转船头，收集溃兵，在沿海一带游荡。不久，南宋残余船队忽遇飓风，将士们劝张世杰靠岸躲避飓风。这位豪杰一声长叹，大叫："无以为也！"于是，他登上柁楼，燃香祈天："我为赵氏，仁至义尽。一君亡，复立一君，今又亡。我当时不死，只望敌兵退后，别立赵氏后人以存社稷。今又遇此飓风，岂非天意！"

一时之间，飓风狂刮，巨浪滔天，舟船全部倾覆，张世杰及他手下的残余宋军最后都溺水而死。

当时被囚禁在元军营中的文天祥耳闻了宋元厓山之战整个过程，深知国破家亡，他心如刀割。事后，他在诗中写道：

"羯来南海上，人死乱如麻。腥浪拍心碎，飙风吹鬓华。"

厓山大胜后，元军统帅张弘范在元军大营摆下丰盛的庆功宴，招待"劳苦功高"的诸位将领（包括西夏、女真、契丹及西域各地将领）。同时，他让兵士把文天祥"邀请"来。席间，张弘范酒酣之际，对文天祥言道："文丞相，您的国家已亡，一直以来，您可谓尽忠尽孝！如能以事宋之心改事我们大元，仍旧可做我们大元丞相。"

一直枯坐不食的文天祥闻言，潸然流泪，表示："国亡而不能救，我为宋臣，死有余罪，又怎敢逃死而怀贰心事人！古时商朝灭亡，伯夷和叔齐忠于商朝，不食周粟而死，大义凛然，没有听说忠臣因为国亡就变心的！"

就在厓山之战结束的转天，张弘范就派人在崖壁上刻字："镇国上将军张弘范灭宋于此。"这一行炫耀的大字，其实也是这名降将的一种心理鸦片，想以所谓的"不世之功"，来抵消他戮杀同胞、灭昔日父母之国的负疚感。为此，日后明朝儒士陈献章就在同一块大石的下面刻诗讽刺：勒功奇石张弘范，不是胡儿是汉儿！

张弘范回朝不久，受到忽必烈的厚赐与嘉奖，但他不久就身染重病，一命归西，年仅四十三岁。他的死，有点蹊跷，或曰是"瘴疠疾作"，忽必烈的贴身御医也不能把这位浑身沾满同族人鲜血的刽子手从鬼门关拉回来。

如果论及军事方面的才略和武功，张弘范比起他的族兄张世杰不知高出多少倍。但是，论起千秋万世英名，虽然有着平灭一国的不世"功勋"，又有元朝"武烈"的谥号，张弘范却在本质上难与宋朝的那位忠臣张世杰比肩。

灭宋后，张弘范派重兵"护送"文天祥回大都。他本意有二：一是送如此高规格的丞相级俘囚邀功；二是希望文天祥到大都后改意事元，此举，正是为大元贡献人才。

6.《过零丁洋》

文天祥的《过零丁洋》流传千古："辛苦遭逢起一经，干戈寥落四周星。山河破碎风飘絮，身世浮沉雨打萍。惶恐滩头说惶恐，零丁洋里叹零丁。人生自古谁无死，留取丹心照汗青。"

《过零丁洋》这首诗，其实原本是一首"招降诗"。为什么这么说呢？作为南宋宰相的文天祥尽管一直率军奋力抗战，但最终还是抵挡不住，被元军所俘。公元1279年正月，元军在张弘范指挥下进攻南宋皇帝最后落脚点厓山。而作为俘虏的文天祥，正随元军被押解在军船上和他们同行。

正月十三日，元军主力到达厓山，宋元两军马上就展开了决战。其实，从军事对比来说，当时南宋将领张世杰领导的南宋水军实力更为强大。元军一直是骑兵强大，但说到海上作战，因为作为战斗主力的蒙古兵多数人不熟水性，所以他们的战斗力要减弱不少。为此，元军统帅张弘范就想不战而胜。他想出一计，就是让已被俘的文天祥写信劝他的同僚张世杰降元。但他也知道文天祥很有骨气，自己直接去找文天祥恐怕会遭到拒绝，面子上过不去，因此，他就派自己的副手李恒去见文天祥。

得知李恒来意之后，文天祥悲愤至极，反问道："我自救父母不得，乃教人背父母乎？"李恒被反问得哑口无言，不知说什么好，可又不好回去向张弘范交差，就软磨硬泡死劝，说文丞相你写点东西吧，我好回去向张元帅交差。于是文天祥拿出一首诗，让他转交给张弘范，这首诗就是《过零丁洋》。这首诗本来是文天祥前一天在元朝军船经过零丁洋（现在的广东珠江口一带海面）的时候，想到自己的坎坷命运和国家的风雨飘摇，心中涌出无尽感慨，奋笔写下的。现在，既然敌帅一定要他为招降写点什么，那正好拿出这首诗来表明自己的态度。

"人生自古谁无死，留取丹心照汗青"，这就表明，我死都不怕，肯定不会帮你们劝降自己国家的将领的。看到文天祥的态度如此坚决，这位李副元帅无奈，只好拿着诗灰溜溜地回去交差了。

元军统帅张弘范一看,也不得不发出由衷赞叹:"好人,好诗!好人,好诗!"从此,他也就死心了,专心指挥布阵,准备以武力消灭南宋最后的"行朝"——代表南宋正统的最后军事力量。

这首诗是文天祥因为元朝统帅让他招降而拿出的,可以算一首另类的"招降诗"!正是文天祥这种宁死不降的决心,使他能够作出《过零丁洋》这种诗篇。尤其是《过零丁洋》最后"人生自古谁无死,留取丹心照汗青"这两句最为后世传诵。对这两句,我们当代人该有怎样的解读呢?

"丹心"指赤红炽热的心,其实就是借指忠心。宋朝名臣特别喜欢用"丹心"一词。南宋时期,著名词人陆游坚持出兵北征,收复失地,却一再遭到贬官。他始终不灰心,对光复国土充满信心,在《金错刀行》中他曾写道:"千年史策耻无名,一片丹心报天子。"而此诗中的"汗青",是史册的意思。纸张发明之前,中国古人记事要用"竹简",也就是用上好的竹子记写事情和文章,这些片片的竹段即称"竹简"。竹简制作要选择上等的青竹(此"青竹"指绿色之竹),称其为"青"。青竹被削成长方形的竹片,再用火烘烤,一方面是为了便于书写,另一方面也为干燥防霉。烘烤之时,本来新鲜湿润的青竹片,被烤得冒出了水珠,像出汗一样。这道烘烤青竹的工序就叫"汗青"。所以,"汗青"的原意是青竹出汗的工序，渐渐成了竹简的代名词了。从出土的古代竹简来看，长的竹简常用于书写儒家经典；短的竹简常用于记载诸子事迹及史传。后来人们便将"汗青"代称竹简所记载的"史册"了。不过，在正式谈论历史记载意思的时候，还是多用"史册"。在诗词中，因平仄或是押韵以及亮音的需要，常有人喜用"汗青"。

我们从《过零丁洋》这首诗中，还可以感受到文天祥短暂而又伟大的人生！

"辛苦遭逢起一经"，什么意思呢？"起一经"指因为精通经书，通过科举考试而被朝廷起用做官。文天祥不仅是忠臣，还是学霸，他二十岁便考中状元。文天祥祖先七代未仕，居住乡村，从小主要由很有文化并治学教导甚严的父亲文仪亲自授课，再后来又到白鹭洲书院读书，积累了深厚的学问，所以在科举考试中过五关斩六将。他成为状元，还有一个小插曲，即他是当时的理宗皇帝钦点的。按照当时规定，主考官批完试卷，取前十名的卷子，由宰臣复审，最后呈送御前，由皇帝亲定高下。文天祥的卷子本来排在第七，但理宗皇帝看了原本第一名的卷子，觉得虽然文才出众，但那个举子竟在试卷上直指董宋臣、丁大全等几个自己亲信的名字，肆行斥责，有违答卷"勿激勿泛"的要求。参加国家考试的时候尚且偏激，这个人将来作为人臣未免会有进一步的不恭之举，于是宋理宗就将那个人抑置于第二甲赐进士出身。当时的试卷封弥,看不见考试人的姓名。理宗皇帝依次阅览,看到第七名,发现此人的才华与忠心均不亚于第一名,虽然他在试卷中也批评了朝政的种种缺失,但措辞十分得当,颇有分寸,尤其是其中的一些政治主张,正是理宗皇帝自己平时想实施的,所以他决定将这个人提升为头名状元。

当这份理宗皇帝钦点的试卷卷头封弥被拆开时,理宗皇帝一看,新科状元的名字竟然叫"文天祥",心中十分高兴,点头笑道:"此天之祥,乃宋之瑞也!"因为皇上说话是金口玉言,所以此后朋友们又以"宋瑞"为字称呼文天祥。文天祥诗中所说的"一经",主要指《易经》,因为他在策论中最大的论点是希望宋王朝"法天不息",其哲学依据正是中国古代典籍《易经》。

诗中的"辛苦遭逢",说明文天祥成为状元后仕途并不顺利,反而经常被贬。刚成为状元后父亲便去世了,他不能马上当官,先回家守了三年孝。守完孝后觉得朝廷奸臣当道,这官不当也罢,也没急着去当。后来,朝廷任命他当官了,但没过多久文天祥的祖母梁氏又去世了。梁氏生前已改嫁别家数十年,所以梁氏死后文天祥向朝廷申请"承心制",就是只服心丧,不再以孙子的身份着丧服、行丧礼,这是完全符合当时封建礼制的。但有妒忌文天祥才能的政敌以此攻击文天祥不孝,最后文天祥被罢去了江西提刑的官职。后来的两三年间,文天祥也曾被委任为尚书左司郎官、福建提刑等官职,都没能当长久,甚至像福建提刑这个官还没有去上任就被罢免了。

文天祥有一次罢官经历非常值得一提。

当时朝廷由贾似道弄权,贾似道作威作福,谁对他无礼,谁就会被他找理由流放。后来的度宗皇帝软弱无能,贾似道更加为所欲为。他爱玩蟋蟀,还带蟋蟀上朝议政,廷上不时传出虫鸣声,甚至曾发生蟋蟀自袖内跳出,竟跳到皇帝胡须上的闹剧。但当时正值外敌入侵,度宗皇帝生怕失去这个"军事奇才",始终供着他。贾似道为了测试自己在朝中的地位,为了获取更大权力常耍花招,经常假装要告老回家休养,度宗皇帝每次都苦苦哀求他留下,并升他的官。

宋咸淳六年(公元1270年)六月,蒙古兵已侵犯襄阳三年,贾似道又要装病回家,度宗皇帝畏惧贾似道,便让手下出面奏请挽留贾似道。当时,文天祥任权直学士院,负责起草诏令。他心中早就对贾似道这种作为不满,尽管贾似道是朝中如日中天的大臣,与他作对的人都没有好下场,但正好轮到自己起草诏令,正该担当起告诫对方的重任,便代度宗写了两篇御批,不同意贾似道退休。在文中,他不仅没为贾似道歌功颂德,而且还隐含批评:像周公、孟子这样的贤人,为了国家的安危和利益都不惜身体，从不要求退休，你贾似道身受先帝、太后重托，怎可借口有病而告退呢！有病可以吃药，安身本为保国。古代大臣七十岁还不许退休，我大宋有年过九十的大臣还能上朝，所以你还是勉力工作吧，不要再提退休。贾似道提前看到这封诏书，大怒，就唆使御史张志立上奏弹劾文天祥，罢免了他所有官职……

尽管文天祥不断被贬被罢免，但他毫不在意，反而多次主动辞职，因为他看清了官场的黑暗、朝廷的软弱混乱，这样的官不当也罢。

"干戈寥落四周星，山河破碎风飘絮。"这两句诗，反映了南宋被元军打击的历史背景。也就是说，正当文天祥仕途浮浮沉沉之际，他的国家南宋却因为蒙古军的南侵而干戈顿起，山河破碎。蒙古军是曾横扫欧亚大陆的军队，而且它还把曾在南宋前期跟岳飞一直对抗的金国给灭了，可见实力之强大。宋军被打得节节败退。祸不单行，宋度宗因为长年沉溺酒色突然驾崩，朝廷大臣们只好推举宋度宗的嫡子、年仅四岁的赵㬎继位，是为宋恭帝。此时的南宋国家，寡妇孤儿，内忧外患，可想而知，绝对已是风雨飘摇。元兵很快就渡过长江占领了鄂州，离都城临安已经非常近了。朝廷危急，不得不向各地发出了勤王诏书。什么是勤王？就是君王有难，臣下起兵来救援君王。先前多次被贬的文天祥这时候在家乡接到了朝廷勤王诏书。国难当头之际，他没有计较朝廷曾经对自己的贬谪和罢官，而是马上行动起来，号召各地郡县奋起抗元。文天祥一介文人，本想组建盟军，自己跟随能打仗的将领一起出力即可，但当时各地守将大多没有抗元决心，一时之间竟无人响应。无奈之余，文天祥只好亲自树起招募勤王义军的大旗。在他高尚人格的吸引下，几万抗元义士迅速集中到他的麾下。为了解决义军的粮饷问题，文天祥毅然把自己的家产全部变卖，让义军上下极为感动，决心誓死为国捐躯。在抗元战争中，文天祥表现出卓越的军事才能，曾经率领义军取得过江西大捷等胜利。反观南宋朝廷方面，已经是积重难返，最终献出都城临安投降元军。文天祥虽然逃出虎口，但在江西等地再也独木难支，正是"身世浮沉雨打萍""惶恐滩头说惶恐"。抵抗了四年（"干戈寥落四周星"），后来终究被俘，文天祥被押在元军中，看着元军攻打厓山的南宋残余势力，途经零丁洋，他感慨万千，就有了"零丁洋里叹零丁"之句。

在文天祥作《过零丁洋》诗的二十多天后，厓山大战宋军战败，南宋忠臣陆秀夫背着孩子皇帝跳海自杀了，南宋也就此灭亡。文天祥当时被押在元军的船上，万分痛苦地目睹了自己国家的灭亡。

这首诗的最后两句"人生自古谁无死，留取丹心照汗青",表现了文天祥的气节和舍生取义的生死观。文天祥绝对是一个九死一生的忠臣。文天祥的一生,一直与"死"字有不解之缘,他被俘前曾十八次死里逃生(他在自己写的《指南录》一书《后序》里详细记载了自己十八次死里逃生的经历),被俘之后,又多次求死而不得。

他曾经在临安城下怒斥元军统帅伯颜而被扣留,差点出师未捷身先死。文天祥召集义军到京师不久,南宋太皇太后谢道清想投降,元军统帅伯颜要求南宋派右丞相陈宜中来谈投降之事,但陈宜中贪生怕死,临阵逃跑了。朝廷无奈,就任命文天祥为右丞相兼枢密使,去与伯颜和谈。谁知文天祥到了敌营中见了伯颜,不仅不投降和谈,还怒斥对方攻略南宋,背信弃义,并表示南宋百姓誓与元军抗战到底。他强硬的态度使伯颜大为恼火,差点当场杀了他,但因为想尽快促成和谈,不落斩杀来使的口实,就把文天祥扣押起来,和其他南宋投降派大臣完成了南宋的投降仪式。

文天祥还多次自杀未死。

文天祥第二次被俘后自刎、服毒、绝食均未死。文天祥逃出后,召集义士抗元,取得江西大捷后,元军扮作乡人偷偷包围了文天祥,在奸人带领下,突然猛扑上来。文天祥大惊,拔出宝剑和部下左挡右杀,但寡不敌众,终不能突围。这时,他举起宝剑正想自刎,部下忙将剑夺了过去。他又从

第三章 最后的挣扎

怀中掏出藏在身边的二两"脑子"(一种毒药)吞下去,想以身殉国,谁知药力失效,他只是头昏目眩,腹泻不止。就这样,文天祥和一些部下被元军俘虏了。从此,文天祥就在囚禁生涯中度过。

厓山大战南宋灭亡后,元军押着文天祥从广东北上回元大都,中间到江西境内时,离文天祥的家乡江西庐陵已经不远了。一直想着以身殉国的文天祥,就决心死在自己的家乡。他算好,到故乡庐陵还有七八天的路程,现在开始绝食,到庐陵也差不多饿死了。于是,文天祥开始绝食。绝食是非常痛苦的,一天天过去,文天祥坚持不肯吃东西,元军都尉见他始终不进食,身体一天天衰弱下去,都惊慌了,因为这是元世祖忽必烈下令要带到元大都亲自处理的人。所以他们先是哀求文天祥吃点东西,后来竟然令士兵捏住文天祥的鼻子把粥从嘴里灌进去,非常无礼。就这样,文天祥绝食了八天,竟然没有死,而船已经过了家乡庐陵。到了这份儿上,想想自己既然不能死在家乡,如果再坚持绝食而默默地不明不白地死在荒江之上,实在不值得。而且去元大都的路途这么长,中途多次停船靠岸,如果万一有机会能逃出去,就太好了。考虑再三,文天祥决定恢复饮食,准备迎接新的挑战。

这里有三个疑问:

(一)宋朝当权者投降派居多,他们不是非常忌讳文天祥吗，为什么最后又委派他当丞相呢？这是因为当时的南宋小朝廷主政的是太皇太后谢道清，她曾经任命陈宜中、留梦炎为丞相，但当元军兵临城下之时，这两个软蛋都撒丫子逃跑了。没办法，宋廷只能委任文天祥为"右丞相兼枢密使"，以这种官职和身份出城和元军谈判。从此时起，宋军、元军都开始以"文丞相"称呼文天祥。当时在大江南北的元军，其实不过二十万，而宋军残余军力其实还有七十万之多，文天祥就想以"议和"为名和元军谈判，目的在于为南宋多争取一些时间和权利。所以，他当时辞去丞相不拜，表示自己是以"端明殿学士"身份谈判。但对于谢太后和元朝统帅伯颜来说，他就是"当国"文丞相，是代表宋朝去向元朝投降的。

（二）文天祥是个文人，他真会带兵打仗吗？历史事实证明，文天祥虽然是个文人宰相，但他确实会带兵打仗，而且还取得过江西大捷等战役的胜利。特别是厓山大战之前，作为深陷敌营的俘囚，针对当时宋军和元军的军事力量对比，他在战略和战术上有先见之明。厓山之战前，倘若张世杰等人能以两千艘战舰和近二十万的军力对当时舰只不到三百、水陆兵士才两万多的元军首先发起进攻，宋元较量的结果，当是另一翻景象。

（三）文天祥有后代吗？文天祥有六个女儿，两个儿子。他的长子佛生在广东避乱途中病死，次子道生在空坑大败后被元军俘虏，后来下落不明，应该也是死于战乱。他六个女儿中，两个女儿在战乱中病死，两个女儿在战乱中被杀死，还有两个女儿被元朝军队俘虏成为宫中奴婢。

7. 英雄誓死不投降

作为南宋的英雄符号，元朝皇帝忽必烈很想把文天祥召为己用。1279年冬十一月，文天祥终于到达大都。开始，元人腾出最高级的驿舍给他住，供奉甚盛。但文天祥正襟危坐，通宵达旦。其间，他题诗一首："悠悠成败百年中，笑看柯山局未终。金马胜游成旧雨，铜驼遗恨付西风。黑头尔自夸江总，冷齿人能说褚公。龙首黄扉真一梦，梦回何面见江东。"

他的这首诗明白无误地表明自己不易志、不投降的决心。元朝人感到很无奈，就把文天祥囚禁在元朝的兵马司，派出大批士卒监守，开始以俘囚身份对待他。

而后，元朝的丞相孛罗大集元朝臣僚，在枢密院召见文天祥，很想以胜利者的姿态对这位亡国丞相予以精神凌辱，顺便也想杀一杀这位汉族士大夫的锐气。当时，文天祥昂首进入森然堂皇的"掌天下兵甲机密之务"的元朝枢密院，见殿上高坐一人，此人身穿大袖盘领紫罗衣，胸前绣大独科花，腰围玉带，倨于中座之上。知是元丞相孛罗，文天祥很有礼貌地对其施长揖之礼。孛罗登时大恼,文天祥这样一个亡国之臣,竟敢对自己这个堂堂大元宰相不行跪拜礼,简直是目中无人。元廷卫士见状,都大声喝令文天祥下跪。

文天祥冷静言道:"南人行揖,北人下跪,我乃南人,当然行南礼,岂可对你下跪!"

元朝丞相孛罗非常气恼,叱令左右士兵强把文天祥按伏在地让他下跪。士兵们或抑其项,或扼其背。

文天祥始终不屈,仰头高言:"天下事有兴有废,自古帝王及将相,灭亡诛戮,何代无之!我文天祥今日忠于宋氏,以至于此,愿求早死!"

元朝丞相孛罗见对文天祥来硬的不行,就想在交谈中以气势压倒文天祥。他哈哈一笑,觉得自己儒学、历史功底不薄,就语带讥讽地问:"汝谓有兴有废,且问盘古帝王至今日,几帝几王?一一为我言之。"

文天祥轻蔑一笑,不屑回答孛罗这种小儿科问题。"一部十七史,从何处说起?吾今日非应博学宏词、童子科,何暇泛论。"

孛罗说:"汝不肯说兴废事,且道自古以来,有以宗庙、土地与人而复逃者乎?"

文天祥正色答道:"奉国与人,是卖国之臣也。卖国者有所利而为之,必不去,去者必非卖国者也。前除宰相不拜,奉使军前（指入伯颜元营议和），寻被拘执。已而有贼臣献国，国亡当死，所以不死者，以度宗二子在浙东，老母在广故耳。"

孛罗听文天祥说到当时从临安逃跑的二王，也就是宋恭帝的两个兄弟，马上觉得终于抓到了话柄，忙问："弃德祐嗣君（投降的宋恭帝）而立二王，此举是忠臣所为吗？"

文天祥义正词严："当此之时，社稷为重，君为轻。吾别立新君，乃出于宗庙、社稷之大计。昔日晋朝，从怀、愍二帝（被匈奴俘掠的二帝）北去者非忠臣，从元帝（逃亡江南建立东晋的司马睿）者为忠臣。而我大宋，从徽、钦二帝北去者非忠臣，从高宗皇帝者为忠臣。"

文天祥此语，有理有节，使得孛罗当时语塞，无言以对。

低头思虑半天，孛罗忽然开言指斥："晋元帝、宋高宗皆有所受命（即二帝都有被掠走皇帝的口诏或笔诏令其继位），宋国二王继位非正，无所受命，所以可称是篡位之举。"

文天祥言："景炎（指赵昰）皇帝乃度宗皇帝长子，德祐（宋恭帝）皇帝亲兄，不可谓不正。且登基于德祐去位（指其降元）之后，不可谓篡位。陈丞相（陈宜中）当时以太皇太后之命奉二王出宫，不可谓无所受命。"

听文天祥义正词严如此一番讲说，满朝的元朝大臣，包括孛罗，一时无辞，只能支支吾吾，继续指斥文天祥立二王是非法之举。

当时情形其实很是可笑,元丞相孛罗率一帮蒙、汉及诸族元臣,你一言,我一语,又是蒙语又是汉话,指斥驳责半天,绕来绕去也找不出说服文天祥的理由,只能在二王"无所受命"这一问题上强辩。

文天祥心平气和,正气在胸,自然口出成章:"天与之,人归之,虽无传位授统之命,众臣推戴拥立,有何不可!"

孛罗见文天祥依旧口硬,大怒而起,斥喝道:"尔立二王,竟成何功?"

文天祥闻言,悲怆泪涌,说:"立君以存社稷,存一日则尽一日臣子之责,何功之有!"

孛罗看到文天祥泣下如雨,顿觉得意,指斥说:"既知其不可,又何必为之?"

文天祥泪下沾襟,激愤言道:"譬如父母有疾,虽不可疗治,但无不下药医治之理。吾已尽心尽力,国亡,乃天命也。今日我文天祥至此,有死而已,何必多言!"

一席话,噎得元丞相孛罗直翻白眼倒噎气,咬牙切齿之际,他真想当时就杀掉文天祥。可是,杀文天祥这么高级别的人物,元朝的丞相孛罗还真没这种权限。

元朝皇帝忽必烈及其手下许多大臣都不主张杀文天祥。特别是在厓山灭亡南宋的元军统帅张弘范,当时人病得马上要蹬腿，还不忘上表，强烈要求忽必烈不要杀文天祥。作为元朝鹰犬，张弘范在成全文天祥千秋万世英名方面，确实不乏让人嘉许称道之处。

所以，这次提审文天祥，元朝的丞相孛罗本来想露个大脸当众挫灭文天祥锐气，结果反而悻悻而归。杀之不能，他只得下令把文天祥关进条件更加恶劣的牢狱之中。

厓山之战后，南宋灭亡，文天祥在船中目睹自己国家的灭亡，悲痛之极，准备随时以死报国。由于文天祥是南宋的一个精神符号，他越是坚贞不屈，元朝就越是想诱降他。因为元军不仅想在军事上征服南宋，更想从精神上摧毁南宋人民的自尊心，并使文天祥成为帮助元朝统治的驯服工具。

文天祥被押到元大都后，元朝统治者采取了种种方法劝文天祥投降。

元朝丞相孛罗来硬的不行，就来软的。谁都知道，亲情是最感人的。文天祥的妻子欧阳氏和两个女儿在战争中也被俘了，这时在元朝东宫被迫为奴。她们原来是丞相的妻女，现在却要为奴为婢，完全隔绝了与外界的联系。尤其是文天祥的二女儿柳娘、三女儿环娘，年龄才十几岁，于是元朝就让文天祥的两个女儿过来见他，想利用骨肉亲情软化文天祥。而且他们故意让文天祥只见到女儿一会儿，就把两个女儿押走了。意思是只要文天祥肯降，妻子女儿马上不用为奴，亲人就可以长久地团聚了，而且文天祥自己也可以高官厚禄。文天祥平时最爱这两个女儿，但他强忍悲痛，背过身去。后来，他在诗中深情回忆："朔风吹衣白日黄，一双白璧委道傍。"即使痛断肝肠，也不能骨肉团聚，因为此时的骨肉团聚就意味着变节投降。后来，文天祥在给大妹妹文懿孙的信中写道："收柳女信，痛割肠胃。人谁无妻儿骨肉之情？但今日事到这里，于义当死，乃是命也。奈何？奈何！……可令柳女、环女好做人，爹爹管不得。泪下，哽咽，哽咽……"（《宋诗纪事》卷六七）

其间，宋朝数位宰执级降臣，包括同为状元宰相的留梦炎，皆入狱中劝降。文天祥或讥或讽或骂，这些小人无不灰溜溜羞惭而去。

见到文天祥不肯屈服，元朝方面又想出了一招，派先前在临安早已投降了的原南宋皇帝宋恭帝赵㬎去招降。元朝朝廷当时的想法很好，既然你文天祥号称忠君爱国，如今让你的皇帝去劝降，你该要服从啊。宋恭帝赵㬎被押到大都后，忽必烈封他为"瀛国公"。被俘虏的时候他七岁，这时候九岁。文天祥面对昔日皇帝，如何表态呢？史书上记载说，当时文天祥只说了一句话："一见，北面拜号，乞回圣驾。"他既不责骂小皇帝，也不跟他讲道理，就是让小皇帝坐北向南，自己面北而跪，一面叩头一面说"圣驾请回！"宋恭帝这个小皇帝本来年纪就小，也不怎么会和大臣说话，当时被这一番举动弄得糊里糊涂，不知说什么好，最后只好怏怏离开了。这件事表明，文天祥这个人绝对不是愚忠。

或许有人会有疑问，南宋的皇帝都降了，文天祥还为谁坚守呢？殊不知大儒孟子就说过，"民为贵，社稷次之，君为轻"，所以，文天祥为之坚守的，是比君主更为重要的人民和国家，所以，他面对昔日宋朝皇帝的劝降，也毫不动摇，而是用这种跪拜劝离的特殊方式表明了自己的志向。

文天祥原以为自己到了大都后就可以立即殉国，不料元朝统治者却不让他轻易死去，千方百计想让他投降。因为，如果让文天祥慷慨殉国，就等于元朝政治上的失败；如果能使文天祥归顺，就可显示元朝的"皇恩浩荡"，取得政治上的优势。但种种的劝降手段都未能使文天祥屈服，元朝统治者于是就采取强硬手段，对文天祥进行肉体折磨，以此消磨他的意志，使他屈服。后来又押到兵马司衙门，关入了土牢。

8. 留取丹心照汗青

文天祥在元朝大都被关押的土牢的环境十分恶劣，但文天祥坚持不屈服，他写了一首著名的《正气歌》，其在《正气歌》的序中这样说："予囚北庭，坐一土室，室广八尺，深可四寻,单扉低小,白间(窗)短窄,污下而幽暗。当此夏日,诸气萃然。"

宋元时期的一尺相当于现在的三十一点六八厘米,"室广八尺",大约是两米五。八尺为一寻,"深可四寻",深度是十米,也就是低于地面十米。土牢只有一扇小门,终年不见天日。冬天寒冷彻骨,夏天闷热潮湿。不许亲友送饭,要文天祥自己生火做饭,火炉就在囚室内,烟熏火燎。下雨时,雨水倒灌,床铺泡在水中。老鼠横行,虫子乱爬。大小便也不能出去,就地解决。身上虱子抓不完,接着长癞,背上长疽。生活的折磨使他病倒了。史书记载,文天祥是个"体貌丰伟,美皙如玉,秀眉而长目,顾盼烨然"的美男子,文人生性好洁,元朝统治者以为,宋朝宰相是吃不了这些苦的,他一定受不了多久就会投降。土牢不通风,什么气味都有,水气、土气、日气、火气、米气、人气、秽气,腥臭难闻。面对如此恶劣的环境,文天祥是怎么应对的呢?他在《正气歌》中说"天地有正气,杂然赋流形。下则为河岳,上则为日星。于人曰浩然,沛乎塞苍冥……"意思是凭借天地间的正气,化到人身上就是至大至刚的浩然之气,即可以对抗这七种邪恶之气。

在诗中,他列举了中国古代诸多忠直臣子:春秋齐国不畏死亡直书权臣弑君的太史兄弟;春秋晋国不畏权贵直书历史的董狐；秦末在博浪沙刺杀暴君秦始皇的张良；西汉出使匈奴被扣多年始终不背国的苏武；三国时大义凛然的巴郡太守严颜；西晋时以身蔽帝的侍中嵇绍；唐朝"安史之乱"抗击逆贼于睢阳的守将张巡；唐朝宁死不屈临死大骂胡贼的常山太守颜杲卿……接着，笔锋一转，他又列举怀有高洁心志的古人数名：东汉末年避乱辽东不肯同流合污出仕的管宁；誓讨篡国贼的诸葛亮；西晋击楫中流、一心收复国土的祖逖；不肯与朱粲同流合污的唐臣段秀实……所有这些仁人志士，如同支撑天地的道德巨柱，成为人生宇宙的最根本所在。所以，虽然是阶下囚，虽然是失败者，虽然是亡国臣，文天祥一腔精忠之气，千年万世，仍不断鞭策后人，使我们在这一代完人的悲歌慷慨之中，感受悲壮雄烈的人格力量。

三年的牢狱生活没能使文天祥屈服，而且他坚持不吃元朝官方或者降官送来的饭菜，只吃友人送来的饭菜，非常让人敬佩。

既然牢狱生活没能使文天祥屈服，那怎么办呢？元朝的统治者心里也是非常矛盾。元世祖忽必烈是元朝开国皇帝，也是一个具有雄才大略的君主，他推崇汉文化，力图笼络汉族儒生和招降南宋遗臣。对于文天祥其人，忽必烈也是十分敬佩，觉得他是一个好的忠臣和人才，甚至几度欲释放文天祥。

由于当时的元朝急需治国人才，忽必烈遍访大臣，多数汉人降臣仍推荐文天祥。其实，这种心理也很微妙，似乎文天祥也降了，他们这些降人从心理上才能感觉自己好过些。这些败人，只要脑袋留在脖子上，就不能不思考"身后事"。于是，忽必烈派那位先前以福州献降的王积翁去牢中，劝告文天祥到新朝为官。

文天祥对王积翁表示："国亡之后，我只欠一死。倘若新朝存宽容之心，使我能以道士身份返归家乡，我当可以考虑。如此，他日也可以方外之人的身份得备顾问。如果我现在做元朝的官，平生德业，皆一丝无存，新朝又怎能容下我这种反复之人！"

文天祥此时，其实是动了以道士身份回乡重新组织抗元大业的念头。但在形式上，他坚持原则，决意不搞假降真叛那一套。王积翁倒相信了文天祥一席话，朝会上，他联合十名宋朝降官上奏，请忽必烈释放文天祥归乡，并允许他为道士。留梦炎智商很高，十分忌讳文天祥被释。他闻奏连忙出班，奏称："文天祥得释，必定在江南搞恢复宋国的大事，到时，置吾十人于何地！"

忽必烈深觉有理，便暂时压下释放文天祥的事情。隔了一段时间，忽必烈觉得文天祥始终不屈，敬佩他的人品，便又想释放他，想以此成就元朝不杀忠臣的"美名"。

第三章 最后的挣扎

朝议时，曾在江西与文天祥打过仗的宰臣敏珠尔丹苦苦谏阻，认为如果元廷放了文天祥，就等于放虎归山。

到了至元十九年（公元1282年）冬天，元大都发生了几件震惊元廷的事情，促使忽必烈作出了处死文天祥的决定。这天，从福建来了一个叫妙曦的和尚，善谈星相。他向忽必烈上言："十一月，土星犯帝座，疑有变。"在人们大多相信星相的古代，这可不是一件小事，加上元朝刚刚建立，这不能不引起忽必烈的高度警惕。不久，中山府（今河北定州）有个叫薛保住的人，聚众二千，自称是"真宋幼主"，要来劫狱救出文丞相。同时，又有人投匿名信说："两卫军尽足办事，丞相可以无虑。"这封匿名信落到了元朝太子手中。为此，元朝的大臣们怀疑信中所说的丞相就是文天祥。

这不能不使元廷感到万分紧张。于是，元朝大都立即戒严。忽必烈觉得这事不能再拖了，如果不立即对文天祥作出处置，恐怕有变，但他本人仍想对文天祥进行最后一次劝降。

十二月初八日，忽必烈召文天祥入殿，文天祥长揖不拜，左右卫士强逼他下跪，甚至用金棍打伤了他的膝盖，但他仍坚立不动。

望着殿下面容清癯、一身囚服褴褛的文天祥，杀人不眨眼的忽必烈心中顿生敬意，他以罕有的温和语气，劝文天祥说："汝以事宋之心事我，当以汝为宰相。"

"我文天祥为宋朝宰相，安能事二姓！愿赐我一死，足矣！"文天祥朗言。

叹息之余，忽必烈明确表示："既然不当宰相，你就给我当枢密使吧。"

文天祥斩钉截铁地说："一死之外，别无他求！"

至此，忽必烈明白文天祥不会屈服。殿堂之上，那位曾经在江西被文天祥大败过的元朝大臣敏珠尔丹对文天祥一直怀恨在心，反复劝说忽必烈必须杀掉文天祥。

思考再三，忽必烈见文天祥宁死不屈，最终批准杀文天祥。根据《昭忠录》记载，当被宣布死刑时，文天祥欣然说道："吾事了矣！"士兵将他押到柴市口刑场，大都居民不顾官府禁令，纷纷来到刑场，观者多达万人。元军戒备森严，如临大敌，唯恐义民劫夺文天祥。

在刑场上，传达忽必烈诏书的使者遍告民众："文丞相，南朝忠臣。皇帝使为宰相，不可，故随其愿，赐之一死，非他人比也！"然后使者再问文天祥："丞相今有甚言语？回奏尚可免死。"文天祥说："死则死尔，尚何言。"接着，文天祥向民众问明了何处是南方，便向南再拜。礼毕，他索笔为诗一首："昔年单舸走维扬，万死逃生辅宋皇。天地不容兴社稷，邦家无主失忠良。神归嵩岳风雷变，气吐烟云草树荒。南望九原何处是，尘沙暗淡路茫茫。"

位于北京东城区府学胡同63号的文丞相祠

写毕这首诗,他对执刀的刽子手说:"吾事毕矣。"

微笑间,大英雄伏首受刑,从容就义,时年四十七岁。

大都观刑百姓上万,皆感动流泪。

死后,刽子手发现文天祥衣带里留有绝命书:"孔曰成仁,孟曰取义,惟其义尽,所以仁至。读圣贤书,所学何事?而今而后,庶几无愧!"

这首绝命《自赞》的大意是:孔子教导我们杀身成仁,孟子教导我们舍生取义。正因为只有行为符合正义,所以才能达到仁德的境界。我读了圣贤们留下的书籍,究竟从其中学到了一些什么东西呢?从今天往后,我大概可以无愧于圣贤们的教诲了。

文天祥的这首《自赞》是中国文人舍生取义精神的最好写照。

文天祥，以他鲜血淋漓的头颅，为大宋王朝画上了一个动人心魄的惊叹号！

据史料记载，忽必烈在下令处死文天祥后忽然又后悔了，连忙让下属赶去刑场撤回处死命令，想刀下留人，但已来不及了，一代忠臣文天祥已慷慨就义。

尽管文天祥死了，但人们对他仍然十分敬重，甚至元朝的人都在学习他的精神。文天祥被杀后，南宋遗民王炎午就赞颂文天祥："生为名臣，没为列星；名相烈士，合为一传；三千年间，人不两见！"

近百年之后，元朝灭亡之际，也有为元朝殉国的大臣，包括蒙古人、色目人和汉人，其中不少都以文天祥为榜样。

文天祥生前曾有诗句预言，"虏运从来无百年"。也许是历史巧合，1368年，明太祖朱元璋发兵攻占元大都，元朝确实只存在了九十八年就灭亡了。作为明朝的开国皇帝，朱元璋还找到文天祥的后代，让他们都当了官，并表示他们即使犯法，只要不是谋逆大罪，可以"恕其十死"！

到了明末，夏完淳、史可法、张煌言，无数仁人志士，都是在文天祥感召下舍生取义！即使到了清朝，从官方到民间，从皇帝到百姓，也是皆以文天祥为忠孝节义的代表。

与之相反，和文天祥一样的南宋状元宰相留梦炎没有骨气，最后投附元朝。他在大都曾经去劝降过文天祥，当时被骂得抱头鼠窜而回。留梦炎这位宋朝降臣对于新建立的大元帝国，算得上有"功"之臣。可是，虽然曾经官至宰相，元朝官方编修的《宋史》却没有他的传记。留梦炎病死之后，他家乡衢州的人纷纷表示说："两浙有留梦炎，两浙之羞也。"到了明朝，朝廷明文规定两浙地区凡留姓子孙参加科举考试，一定要出示证明，证明自己不是留梦炎的后代，才有考试资格。即使到了清朝，乾隆皇帝也评价留梦炎为"有才无德"的代表。